ORDONNANCES,
STATUTS
ET
REGLEMENTS
DES MARCHANDS DE VINS
de la Ville & Fauxbourgs de Paris.

A PARIS,
De l'Imprimerie de JACQUES VINCENT, rue
S. Severin, à l'Ange,

M. DCC. XXXII.

EDIT DU ROY HENRY III.

de l'année 1585. regiſtré au Parlement
le 27. Juin 1587.

Qui érige les Marchands de Vins en Corps, Communauté & Confrairie, gouvernée par quatre Maîtres & Gardes, avec les mêmes fonctions des Maîtres & Gardes des autres Marchandiſes.

HENRY, par la grace de Dieu, Roy de France & de Pologne : A tous preſens & à venir, SALUT. Nos bien amez les Marchands de Vins en gros, Taverniers, Hoſteliers & Cabaretiers, Bourgeois de notre bonne Ville & Fauxbourgs de Paris, Nous ont, par leur Requête preſentée en notre Conſeil d'Etat, fait remontrer que de tout tems & ancienneté il leur a eſté permis faire & diſpoſer de leurs vins, lies & Marchandiſes comme bon leur a ſemblé, & même de faire de leurſdits vins gâtez & lies des vinaigres pour les vendre & débiter en gros, ayant toûjours jouy de cette liberté, qui leur a eſté confirmée par noſdites Lettres Patentes du dixiéme Juillet mil cinq cens ſoixante-ſept, & Arrêt de notre Cour de Parlement de Paris, contradictoirement donné ſur l'enterinement d'icelles le huitiéme de Janvier mil cinq cens ſoixante-neuf, avec les Maîtres Vinaigriers de ladite Ville ; & encore par autre confirmation de leurs Privileges du mois de

Juillet mil cinq cens soixante-quatre, verifiez; & pour leur
continuer la liberté ci dessus, & de vendre desdits vins en
gros & détail, ils nous auroient depuis payé finance, & chacun d'eux obtenu Lettres Patentes pour la jouissance de ce
que dessus : neanmoins les Jurez Vinaigriers de notredite
Ville & Fauxbourgs, qui sont unis en Corps & Communauté,
auroit le dixiéme de Mars mil cinq cens quatre-vingt-un,
obtenu défenses de notredite Cour, par lesquelles il est in-
terdit ausdits Supplians d'avoir aucuns pressoirs ny presses en
leurs maisons, pour presser les lies provenantes de leursdits
vins pour en faire vinaigre, lesquelles auroient été données
sans consideration de ce que dessus, & par l'industrieuse
poursuite desdits Vinaigriers, & faute de sollicitation & re-
montrance desdits Marchands, qui étant divisez & non unis
en Corps, ne se font la plûpart souciez de défendre la justice
de leur cause, laquelle est jointe au bien public, attendu
que c'est leur ôter le moyen de se servir de leursdits vins
gâtez & lies, d'icelles faire vinaigre dont ils peuvent faire
beaucoup meilleur marché que lesdits Vinaigriers, qui veulent les contraindre de passer à leur misericorde par leurs
abus & monopoles, dont il a été amplement informé par autorité de ladite Cour, étans lesdits Vinaigriers de si mauvaise
foi, que ce qui justement vaut un écu ils n'en offrent pas cinq
sols, & le plus souvent rien, de sorte qu'ils contraignent les
Marchands de Vins, Taverniers, Hôteliers & Cabaretiers
de ladite Ville & Faubourgs, de jetter leursdits vins gâtez &
lies, ce qui leur tourne à un extrême dommage & ruine, &
ôte le moyen de supporter les pertes qui ordinairement leur
viennent en la voiture & conduite de leursdits vins, desquels
bien souvent la plûpart se gâte, tourne & aigrit, tant par la
chaleur intemperée du temps aux voitures de charrois par
terre & par eau qu'autrement, & ne leur peuvent plus servir qu'à faire des vinaigres; ce que nous ayant été remon-
tré, nous leur aurions sur cette consideration, & que lesdits
Marchands de Vins sont beaucoup plus favorables au bien
public, & leur trafic plus necessaire & recommandable que
desdits Vinaigriers, par autres nos Lettres Patentes du qua-

triéme Janvier mil cinq cens quatre-vingt-deux, voulu &
ordonné que tant lesdits Marchands que tous autres des autres Villes & lieux de ce Royaume, pourroient convertir en
vinaigre, tant leursdits vins amer, poussez & estonnez, que
les lies qu'ils auront procedans des vins par eux vendus & débitez, & permis d'avoir à cette fin en leurs maisons des
pressoirs, tant à vis qu'à baculs, & autres ustansiles necessaires,
& du gros faire cendres gravelées, pour le tout vendre en
gros, & à cette fin levé & ôté les défenses susdites, à la
charge de prendre par lesdits Marchands nos Lettres Patentes pour la jouïssance de ladite permission, lesquelles Lettres
sont demeurées sans effet, pour n'avoir l'enterinement d'i-
celles été poursuivi, & cependant demeurent en ladite perte
& incommodité, nous supplians & requerans, attendu qu'il
appert de ce que dessus, par les pieces cy-attachées, que lesdits
Supplians nous ont payé finance pour vendre vin en gros
& en détail, jouir de leurs privileges & libertez, qui leur demeurent inutiles, à cette occasion que le public a interêt d'a-
voir le bon vinaigre à beaucoup meilleur prix, que lesdits
Vinaigriers qui commettent plusieurs abus, joint qu'ils n'ont
aucun interêt en ce fait, attendu aussi que lesdits Marchands
de Vins se contentent de vendre leursdits vinaigres en gros
aux Forains seulement, que c'est leur donner moyen de supporter les pertes qu'ils font ordinairement, & empescher
qu'ils ne gâtent & perdent leursdits vins gâtez & lies, comme ils sont contraints, à leur grand regret, perte & dommage; il nous plût leur continuer & confirmer, & partant
que besoin seroit de donner & octroyer lesdites permissions,
selon qu'il est contenu cy-dessus, offrant pour ce nous payer
telle finance moderée qu'il sera raisonablement avisé; & pour
la manutention & conservation de leursdits privileges, &
obvier aux abus qui se pourroient commettre, les établir en
Corps & Communauté, avec liberté d'élire quatre Maîtres
Gardes dudit Etat, de deux en deux ans, ainsi qu'il se fait
par les autres Communautez de notredite Ville de Paris.
SÇAVOIR FAISONS, qu'après avoir consideré ce que
dessus, & fait voir nosdites Lettres Patentes desdits dixié-

me Juillet mil cinq cens soixante-sept , & quatriéme Janvier
mil cinq cens quatre-vingt-deux, considerant aussi que la permission prétendue & demandée par les Supplians, tourne au
bien du public, sans que nous y ayons interêt, mais plûtôt profit & commodité, étant le commerce desdits vinaigres par le
moyen d'icelle permission augmenté , par cettuy notre Edit
perpetuel & irrévocable, en conséquence des precedentes permissions, avons à iceux Marchands vendans vin, Taverniers,
Hôteliers & Cabaretiers de notredite Ville & Fauxbourgs
de Paris, & chacun d'eux, permis, accordé & octroyé de notre
grace speciale , pleine puissance & autorité Royale, permettons , accordons & octroyons, voulons & nous plaît, qu'ils
puissent & leur soit loisible de convertir en vinaigre tous les
vins amers, poussez & estonnez, comme aussi les lies procedans des vins qu'ils auront achetez, vendus & débitez,
& pour cet effet pourront avoir en leurs maisons des pressoirs, tant à vis qu'à bacule, & des sacs & ustansiles pour
ce necessaires autant qu'ils en auront besoin , & du gros
qui en proviendra, faire cendres, gravelées ou autrement
employer, selon qu'ils adviseront pour leur profit & utilité, pour vendre lesdits vinaigres, cendres & autres choses
susdites en gros, aux Forains seulement, sans qu'ils puissent vendre en détail en ladite Ville & Fauxbourgs, &
ce nonobstant les défenses du dixiéme Mars mil cinq cens
quatre-vingt-un , & toutes autres faites au préjudice de ce
que dessus, lesquelles nous avons levées & ôtées, levons
& ôtons par ces Presentes, à la charge que pour la jouissance de la présente faculté & permission, chacun desdits
Marchands vendans en gros, Hôteliers , Taverniers & Cabaretiers, seront tenus de prendre Lettres de provision de
Nous, dedans un an prochain venant, & en outre considerant le nombre desdits Supplians & leur qualité , qui
sont tous Bourgeois de notredite Ville & Fauxbourgs de
Paris, Avons estimé raisonnable & necessaire les gratifier en
ce qui touche ledit trafic & commerce, & pour ce avons
établi à perpetuité ledit état de Marchand en gros & détail, vinaigre & gravelée en gros, en état juré pour y

avoir Corps, Confrairie & Communauté, & à cette fin leur
avons permis & permettons de s'assembler & élire de deux
en deux ans quatre Maîtres-Gardes, & les continuer par
années, ainsi qu'il se fait és autres Communautez de la
marchandise de cette Ville de Paris, & autrement ainsi
qu'ils adviseront ; lequel ordre & reglement Nous voulons
être suivi & gardé pour le regard desdits Supplians & leurs
successeurs esdites Charges, avec le même pouvoir de vi-
siter marchandises, pourvoir aux abus & malversations qui
s'y commettent, & autres dépendans du fait & exercice
de ladite Charge, qu'ont les autres Gardes desdites Marchandises, comme si le tout étoit icy par le menu referé
& specifié. Si DONNONS en mandement par ces Presentes,
à nos amez & feaux les gens de notre Cour de Parlement &
Prevôt de Paris, ou son Lieutenant, que ces Presentes ils
fassent publier & enregistrer, & du contenu jouir & user
pleinement & paisiblement lesdits Supplians, leurs successeurs esdites Charges & trafic, cessant & faisant cesser tous
troubles & empeschemens au contraire, & à ce faire souffrir & obéir, contraignant & faisant contraindre lesdits
Maîtres Vinaigriers & tous autres qu'il appartiendra, par
toutes voyes & contraintes accoûtumées en tel cas, nonobstant oppositions ou appellations quelconques : car tel est
notre plaisir, nonobstant aussi Ordonnances quelconques,
défenses, Lettres à ce contraires ; & afin que ce soit chose ferme & stable à toûjours, nous avons fait mettre notre Scel à cesdites Presentes, sauf en autres choses notre
droit & l'autruy en toutes. DONNE' à Paris au mois de
Décembre, l'an de grace mil cinq cens quatre-vingt-cinq,
& de notre Regne le douziéme. Ainsi signé par le Roy, DE
NEUFVILLE, & scellées à double queue de cire verte, Et à
côté est écrit : Registrées, ouy le procureur Général du Roy,
aux charges contenues en l'Arrêt prononcé ce jourd'huy. A
Paris en Parlement le vingt-septiéme jour de Juin l'an mil
cinq cens quatre-vingt-sept. Ainsi signé DU TILLET.

Extrait des regiſtres du Parlement.

Prononcé le 28. Juin 1587.

VEU par la Cour les Lettres Patentes du Roy en forme de Chartres, données à Paris au mois de Décembre mil cinq cens quatre-vingt-cinq, ſignées ſur le repli, par
le Roy, DE NEUFVILLE, par lequel ledit Seigneur permet
aux Marchands de Vins en gros, Taverniers, Hôteliers,
Cabaretiers & Bourgeois de cette Ville & Fauxbourgs de
Paris, de convertir en vinaigres tous les vins amers, pouſ-
ſez & eſtonnez, comme auſſi les lies procedantes des vins
qu'ils auront achetez, vendus & débitez, & pour cet effet
qu'ils pourront avoir en leurs maiſons preſſoirs, tant à vis
qu'à bacule, & des ſacs & uſtanſiles, pour ce neceſſaires autant
qu'ils en auront beſoin, & du gros qui en proviendra faire cendres, gravelées, ou autrement l'employer ſelon qu'ils
aviſeront pour leſdits vinaigres, cendres & autres choſes
vendre en gros aux Forains ſeulement, ſans qu'ils en puiſſent débiter en détail en ladite Ville & Fauxbourgs de
Paris, ainſi qu'il eſt plus au long contenu eſdites Lettres.
Requête preſentée par les Maîtres Jurez Vinaigriers de
cettedite Ville, le vingt-deuxiéme Avril enſuivant, pour
être reçûs oppoſans à la vérification deſdites Lettres. Arrêt du dernier jour de Juin mil cinq cens quatre-vingt-
ſix, par lequel auroit été ordonné que leſdites Lettres
Patentes ſeroient communiquées aux Officiers du Roy au
Châtelet, & au Prevôt des Marchands & Eſchevins de
cette Ville de Paris, pour ſur icelles donner leur advis, &
qu'il ſeroit informé d'office à la requête dudit Procureur
Général, ſur commodité ou incommodité que peut apporter au Public la permiſſion de pouvoir par leſdits Marchands de Vins, Hôteliers, Cabaretiers, Taverniers, &
Habitans de cettedite Ville, avoir & tenir en leurs maiſons preſſoirs, tant à vis qu'à bacule, ſacs & autres uſtanſiles

files neceffaires pour faire & convertir en vinaigre & gravelées leurs vins & lies. Enquête d'office faire à la requête
dudit Procureur Général, fuivant ledit Arrêt Advis donne tant par les Officiers du Châtelet, que par les Prevôt
des Marchands & Efchevins. Requêtes refpectivement pre-
fentées, tant par lefdits Demandeurs que lefdits Maîtres
Jurez Vinaigriers, les feize & dix-feptiéme Mars dernier
paffé, contenant les offres y mentionnées. Moyens de nul-
litez propofez par lefdits Maîtres Jurez Vinaigriers contre
ladite Enquête d'office, & tout ce que par lefdites Parties
a été produit par-devers le Commiffaire à ce député. Conclufions du Procureur Général du Roy, & tout. confide-
ré : DIT A E'TE', que ladite Cour, fans avoir égard à
l'oppofition defdits Vinaigriers, a ordonné & ordonne que
lefdites Lettres Patentes obtenues par lefdits Demandeurs,
feront enregiftrées en icelle ; oüy le Procureur Général
du Roy, pour jouir par lefdits impetrans du contenu en
icelles, & en ce faifant, leur fera loifible de convertir en
vinaigre tous les vins amers, pouffez & eftonnez, & les
lies procedans des vins qu'ils auront achettez, vendus &
debitez ; & pour cet effet, pourront avoir en leurs maifons des preffoirs, tant à vis qu'à bacule, & des facs &
uftanfiles pour ce neceffaires, autant qu'ils en auront befoin, & du gros qui en proviendra faire cendres, gravelées, ou ce que bon leur femblera, à la charge de vendre
lefdits vinaigres, cendres & autres chofes fufdites en gros,
aux Forains feulement, fans qu'ils les puiffent vendre en
détail en ladite ville & Fauxbourgs. Ordonne la Cour
que les deniers qui proviendront par le moyen de la faculté & permiffion mentionnée efdites Lettres, feront employez au fait des guerres & urgentes neceffitez des affaires du Roy, & fans dépens. PRONONCE' le vingt-huitiéme Juin mil mil cinq cens quatre-vingt-fept. Ainfi figné,
EALLEMENT.

EDIT DU ROY,

Du neuviéme Septembre 1587.

HENRY par la grace de Dieu, Roy de France &
de Pologne, A tous presens & à venir, SALUT.
Desirant pourvoir & empêcher à l'avenir que les abus &
malversations qui se peuvent commettre en la composition
des vinaigres, cendres, gravelées faites, vendues & débitées en notre Ville de Paris ne s'y continuassent, en
permettant par notre Edit du mois de Décembre mil cinq
cens quatre-vingt-cinq, verifié en notre Cour de Parlement de Paris, le vingt-septiéme Juin mil cinq cens quatre-vingt-sept dernier, aux Bourgeois Marchands vendans
vins en gros, Taverniers & Cabaretiers de notre Ville &
Fauxbourgs d'icelle, de convertir leurs vins amers, poussez
& estonnez esdits vinaigres, & des lies & gros d'iceux faire
cendres & gravelées ; & à ces fins avoir & tenir en leurs maisons les pressoirs & autres choses necessaires, engins, personnes pour en faire la distribution aux Etrangers seulement,
Nous leur aurions aussi permis pour l'entretenement & né-
gociation de leur trafic, de s'assembler & composer, de
ceux qui en auroient de nous pris possession, & satisfait à
notre Edit, un Corps, Confrairie & Communauté, même
d'élire de deux en deux ans, quatre Maîtres-Gardes-Ju-
rez dudit Métier, qui feront les visites sur les autres Maîtres
ouvriers, exercice & pratique d'iceluy, & pour le policer
& regler comme sont tous les autres Etats, Métiers &
Communautez de notredite Ville. Leur aurions semblablement permis de faire dresser, mettre & rédiger par écrit
les Statuts, Reglemens, Constitutions, Privileges & Ordonnances qu'ils jugeroient être entr'eux requises, civiles
& necessaires pour la conservation de leurdit Métier &

trafic. Ce qu'ils auroient fait , & à Nous presenté les Articles d'iceux pour les approuver & autoriser : Mais auparavant que ce faire, d'autant que cela est un fait de
Police dont le Prevôt de notredite Ville , ou son Lieutenant Civil, est Juge naturel & ordinaire, Nous luy aurions
renvoié lesdits Articles, ensemble la Requête qu'ils Nous
en auroient à cette fin presentée, pour avec notre Procureur
audit lieu, les voir & considerer, & par même moyen nous
donner advis sur la validité ou invalidité d'iceux, afin d'y
pourvoir ausdits Supplians, ainsi que de raison , à quoy
suivant la Commission que nous en aurions fait expedier
audit Prevôt ou sondit Lieutenant, il a satisfait & nous a
renvoié le tout avec sondit advis, & l'ayant fait voir en
notredit Conseil, ensemble lesdits Articles cy-après trans-
crits, Sçavoir faisons , Que pour favorablement
traiter & gratifier lesdits Supplians en cet endroit, conformément audit advis dudit Prevôt de Paris, ou son Lieutenant, & de notredit Procureur, Avons iceux Articles, Statuts, Reglemens, Constitutions, Privileges & Ordonnances
susdits dudit Etat & Métier, en tout leur contenu , accordez, concedez, approuvez, validez & autorisez : Accordons , concedons, approuvons, validons & autorisons de
grace speciale, par ces Presentes , voulons & nous plaîr,
qu'ils soient ci-après entr'eux & leurs successeurs audit Etat,
inviolablement gardez, entretenus & observez de point en
point, selon leur forme & teneur, & qu'ils en jouissent &
usent pleinement & paisiblement, sans qu'il y soit ou puisse
être contrevenu en aucune maniere, sur les peines y contenues, que nous ordonnons & leur permettons faire executer contre les contrevenans , réellement & de fait par
toutes voyes & contraintes, en tel cas requis & accoutu-
mez , & afin qu'il n'y soit cy-après innové ou changé aucune
chose, les avons cy fait transcrire ainsi qu'il ensuit.

Ce sont les Articles, Statuts, Ordonnances & Reglemens
pour l'entretenement, manutention & Police de l'Etat &
trafic de la marchandise de vin en gros & détail pour les Marchands de vins en gros, Hôteliers, Taverniers & Cabaretiers

de la Ville, Fauxbourgs & Banlieuë de Paris : lesquels supplient très-humblement le Roy, leur vouloir iceux confirmer, suivant ce qu'il a plû à Sa Majesté leur permettre par son
Edit du mois de Décembre mil cinq cens quatre-vingt-cinq,
verifié en la Cour de Parlement, d'être en Corps & Communauté, & d'élire quatre Maîtres Jurez & Gardes dudit
Etat, pour la conservation d'iceluy.

I.

Et premierement, Que tous ceux lesquels font à present
état & trafic de la Marchandise de Vin en cette Ville &
Fauxbourgs de Paris, seront reçûs & passez Maîtres.

II.

Qu'à l'advenir aucun ne pourra être reçû Maître & faire
état de Marchandise de vin en ladite Ville, Fauxbourgs &
Banlieuë de Paris, qu'il n'ait servi l'espace de quatre ans
l'un des Maîtres dudit état, ou bien qu'il fût fils de Maître
né en loyal mariage, afin de le rendre capable au fait de
ladite Marchandise.

III.

Item, Qu'auparavant que proceder à la reception d'un
Maître de ladite Marchandise, seront lesdits Gardes tenus
de s'enquerir diligemment des bonne vie, mœurs & religion
d'iceluy, qui demandera à être reçû, afin que s'il se trouve
n'être de la Religion Catholique & Romaine, ou qu'autrement il fût diffamé de quelque vice notable, dont il
pût encourir quelque note d'infamie, en advertir le Procureur de Sa Majesté au Châtelet de Paris, pour le debouter
& rejetter de ladite Marchandise.

IV.

Et au cas que celuy lequel se representera pour parvenir à ladite Maîtrise, soit trouvé capable & suffisant de ladite qualité requise, lesdits Gardes le representeron audit
Procureur en sa Chambre audit Châtelet, lequel luy fera faire
le serment, & ce fait, sera enregistré en la maniere accoûtumée.

V.

Pareillement ne pourront avec la Marchandise exercer
les états de Vendeurs de vins, ou de Courtiers en Office.

VI.

Seront faites défenses à tous Maîtres de ladite Marchandise, souftraire les Apprentifs ou Serviteurs les uns des autres, & les mettre en befogne, fi ce n'eft du confentement des Maîtres qu'ils auront les derniers fervis, ou que par Juftice il leur foit permis.

VII.

Comme auffi ne pourront employer & mettre en befogne les Serviteurs qui fe feront départis du fervice d'autres Maîtres pour larcin, ou autre cas digne de punition, que premierement lefdits Serviteurs n'ayent été purgez par Juftice des cas à eux impofez.

VIII.

Les veuves defdits Maîtres, tant qu'elles fe contiendront en viduité, jouiront des pareils Priviléges que leurs défunts maris. Mais fi elles fe remarient en fecondes nôces, ou qu'elles foient convaincues d'avoir fait faute en leur viduité, elles perdront ledit Privilege, & ne pourront s'entremettre de ladite Marchandife.

IX.

Les veuves des Maîtres pourront faire perachever aux Serviteurs qui auront été obligez à leurs défunts maris, leur tems de fervice fous elles, pourvû qu'elles continuent le trafic de leurs défunts maris, & qu'elles ne fe remarient à autres que dudit état, autrement feront lefdites veuves tenues remettre lefdits Serviteurs és mains des fufdits Maîtres & Gardes, pour leur pourvoir de Maître avec lequel ils paracheveront leur tems de fervice.

X.

Ne pourront lefdites veuves, encore qu'elles continuent le trafic de leurs fufdits Maris, prendre ou faire obliger aucuns Apprentifs nouveaux, mais pourront avoir des Serviteurs pour s'en fervir au fait de leur Marchandife.

XI.

Que chacun Maître de ladite Marchandife ne pourra avoir qu'un Apprentif ou deux pour le plus à la fois, mais pourra après fur la quatriéme année de fondit Apprentif

en prendre un autre pour le conduire & acheminer à la Marchandiſe: Auſſi s'il advenoit que ſon Apprentif s'enfuit de
ſon ſervice, contre le gré & conſentement de ſondit Maître, il ſera tenu faire toutes les diligences de le recouvrer
pour lui faire parachever ſondit apprentiſſage ou bien le
faire renoncer à l'état de ladite Marchandiſe, & en cas de
renonciation ſera tenu de le faire comparoître en la chambre du Procureur de Sa Majeſté pour en être fait Regiſtre:
Ne pourra toutefois ledit Maître prendre un autre Apprentif, ſinon aprés un mois que le ſiens'en ſera fuy ou abſenté.

XII.

Que les Maîtres de ladite Marchandiſe, quinze jours
aprés qu'ils auront fait obliger leſdits Apprentifs, ſeront
tenus les faire enregiſtrer en la Chambre de notredit Procureur audit Châtelet, l'un des Gardes de cette Marchandiſe, à ce faire appelle, & payeront leſdits Maîtres pour
leurs Apprentifs dix ſols pariſis, ſur peine contre les contrevenans à ce preſent Article, & qui n'y auront dans ledit tems ſatisfait, de deux écus d'amende.

XIII.

Ne pourront leſdits Maîtres tranſporter les Apprentifs,
les uns aux autres, ſans en advertir les Gardes de ladite
Marchandiſe, leſquels en tiendront Regiſtres pour obvier
aux fraudes & abus qui s'y pourroient commettre, ſur peine
de deux écus d'amende ſur chacun des contrevenans.

XIV.

Qu'aucun Maîtres de ladite Marchandiſe ne pourra mettre
en œuvre, ni tenir en ſa maiſon aucune lie puante, vin ni
rapez qui ſoient puants & boutez: Et ne pourront leſdits
Marchands de vin avoir en leur maiſon, cidre ni poiré, ſur
peine de deux écus d'amende.

XV.

Qu'aucun ne pourra mettre en beſogne vin recueli
par terre, ſur peine de perdre le vin, & de payer un écu
d'amende.

XVI.

Qu'aucun Maître de ladite Marchandiſe ne pourra

ouvrer à faire vinaigre ou cendres gravelées, ès jours de
Dimanches & Fêtes commandez de l'Eglise.

XVII.

Qu'aucun Maître ne pourra brûler lie en maison de ladite Ville & Fauxbourgs.

XVIII.

Et dautant qu'il convient faire plusieurs frais par les
Maîtres & Gardes de ladite Marchandise, pour icelle
maintenir & conserver, pour les visites ordinaires qui leur
conviendra faire, tant sur les Maîtres de ladite Marchandise, qu'autres, lesquels contreviendront aux présentes
Ordonnances, & aussi pour soutenir leurs procès, SERA
ORDONNE' par Sa Majesté, que pour satisfaire ausdits frais, chacun Maître payera à sa reception, outre le
droit du Roy, la somme d'un écu sol: Et encore seront
tenus chacun desdits Maîtres reçus, continuer de bailler
par chacune semaine un sol, pour subvenir aux affaires
du Corps de ladite Marchandise.

XIX.

Pareillement tous les Maîtres qui prendront nouveaux
Apprentifs, seront tenus dans la quinzaine qu'ils les auront
reçus à leur service, leur faire payer, tant à Sa Majesté,
qu'ausdits Gardes, la somme de vingt sols parisis, Sçavoir,
est quatre sols parisis à Sadite Majesté, & seize sols parisis
aux Gardes, & en défaut de ce, dedans ledit tems, seront
contraints lesdits Maîtres & Gardes de payer pour leurs
Apprentifs, sauf leur recours contr'eux.

XX.

Qu'audit état il y aura doresnavant quatre Maîtres
Gardes suffisans & capables pour icelui gouverner & garder, & prendre garde aux méprises, fautes & malversations qui y pourroient être commises, lesquels quatre
Gardes seront élûs & nommez par une grande & saine
partie des Maîtres de ladite Marchandise, lesquels pour
ce faire s'assembleront par devant notre Prevôt de Paris,
ou son Lieutenant Civil, appellé notre Procureur audit
Châtelet lequel fera faire le serment à ceux qui se trouveront

avoir la pluralité des voix, s'il n'y a occasion legitime d'empêchement ou excuse.

XXI.

Et ne pourront s'excuser ceux lesquels auront été élûs.

XXII.

Que desdits Maîtres & Gardes en seront changez deux par chacun an, après les deux premieres années expirées, selon la forme & élection cy-dessus prescrite, & en seront mis deux nouveaux au lieu de deux anciens qui seront dechargez, & en demeurera toûjours deux anciens, à ce que les deux nouveaux élûs soient instruits de leurs Charges & devoir.

XXIII.

Et pour ce qu'audit état de la Marchandise, il y aura grand nombre de Maîtres, lesquels ne pourroient être tous appellez à l'élection desdits Gardes, pour éviter la confusion qu'ameneroit une si grande multitude; Sera ordonné que le Reglement qui a acoûtumé d'être gardé en l'élection des Maîtres & Gardes de la Draperie, sera pareillement gardé & observé en la presente élection, à sçavoir que l'on y appellera un nombre de Maîtres; de façon que ceux qui y auront été appellez un an, ne pourront assister après deux ans passez & expirez.

XXIV.

Procedant au fait desquelles visites par lesdits Gardes, à ce que les fautes & abus ne soient cachez, mais viennent en évidence & lumiere pour être corrigez, & en être fait telle punition que le cas le requerera; iceux Gardes appelleront avec eux un Commissaire on Sergent au Châtelet de Paris, pour y assister, donner confort, ayde & prison, si metier est faire ouverture & proceder par voye de scellé, de tous les lieux où ils sçauront ou penseront qu'il y échet visite, & d'icelle en feront procés verbal qui sera rapporté audit Procureur de Sadite Majesté, auquel procés verbal lesdits Gardes seront tenus rapporter & déclarer toutes les fautes & malversations qu'ils y auront trouvées.

XXV.

XXV.

Lefquels Gardes pour obvier aux malverfations & contraventions qui fe pourront commettre audit état, pourront faire vifites ordinaires par toute cette Ville, Fauxbourgs & Banlieue, fans que pour faire lefdites vifites ils
foient tenus demander aucun placet ou pareatis aux hauts
Jufticiers, ou à leurs Officiers, parce qu'il eft queftion du
fait de Police, dont la connoiffance appartient au Prevôt
de Paris feul.

XXVI.

Que lefdits Maîtres & Gardes pour leur falaire & vacations d'adminiftrer cette Charge, ne pourront prendre autre
& plus grand droit que ce qui a été adjugé par les Arrêts
de notre Cour de Parlement, aux Maîtres, Gardes &
Jurez des autres Marchandifes de Paris, qui eft à la reception des nouveaux Maîtres, un écu fol à chacun defdits
Gardes, excepté les Fils de Maîtres qui ne payeront que
demy écu.

XXVII.

Que lefdits Maîtres & Gardes, à la fin des deux années
de l'exercice de leur Charge, bailleront les prefentes Ordonnances, enfemble les Regiftres des Apprentifs & autres
Titres, Arrêts & Sentences concernans le fait defdites
Ordonnances, à ceux qui les fuccederont à la Charge,
& à ce faire feront contraints par toutes voyes dües &
raifonables.

XXVIII.

Nul ne pourra être reçu Maître en ladite Marchandife, qu'il n'ait obtenu Lettres de provifion du Roy, fuivant fon Edit ou Quitrance, portant décharge felon la
Commiffion fur ce expediée par Sa Majefté.

XXIX.

Tous Maîtres qui fe pafferont, bailleront au Clerc de ladite
Communauté vingt fols tournois, en confideration des fer-
vices qu'il pourra faire à icelle, & pour l'occafionner de bien
fidellement fervir ladite Communauté, fans toutefois comprendre les gages & falaires qui lui font attribuez par icelle.

C

Lesquels Articles lesdits opposans supplient très-humblement Sa Majesté vouloir ratifier & approuver ; & en ce faisant ordonner qu'ils seront gardez, entretenus & observez
de point en point, & les Supplians seront tenus de prier Dieu
pour votre prosperité & santé.

Si donnons en mandement audit Prevôt de Paris, ou
sondit Lieutenant, & à tous nos autres Justiciers & Officiers qu'il appartiendra, que cesdites presentes, ensemble
lesdits Statuts, Constitutions, Privileges & Ordonnances
susdites, ils fassent lire, publier, afficher & enregistrer par
tout où besoin sera, entretenir, garder & observer de point
en point, sans permettre qu'il y soit contrevenu, contraignant & faisant contraindre à ce faire, souffrir & obeir,
tous ceux, & ainsi qu'il appartiendra par la forme & maniere qu'il est plus au long contenu cy-dessus, sans permettre ou souffrir qu'il y soit contrevenu, ce que nous
défendons à toutes personnes quelconques, sur les peines
susdites, C A R tel est notre plaisir: Et afin que ce soit chose
ferme & stable à toûjours, Nous avons fait mettre notre
Scel à cesdites Presentes, sauf en autres choses notre droit,
& l'autruy en toutes. D O N N E' à   au mois de
            l'an de grace mil cinq cens quatre-vingt sept,
& de notre regne le quatorziéme, & à côté est écrit:

Soit l'avis donné par le Lieutenant Civil & Procureur
du Roy au Châtelet, mis au bout des articles des Statuts,
& signé d'eux. Et plus est écrit:

Veu par le Lieutenant Civil & Procureur du Roy de la
Prevôté & Vicomté de Paris, la Requête presentée au Roy
par les Marchands vendans vin en gros, Hôteliers, T-
verniers, Cabaretiers, Bourgeois de cette Ville & Fauxbourgs de Paris, le vingt-uniéme jour d'Août dernier,
ensemble les articles attachez à icelle, avec les Lettres
Patentes de Sa Majesté du 21. Août, signées par le Roy
en son Conseil, P O T I E R, & scellées du grand Scel à
Nous adressantes, pour donner notre avis sur la confirmation des Statuts, Ordonnances & Reglemens portez
par lesdits articles.

Sommes d'avis, sous le bon plaisir du Roy, & correction de Nosseigneurs de son Conseil, que lesdits articles, Statuts, Ordonnances & Reglemens soient bons, justes & raisonnables, utiles & nécessaires; comme tels, doivent être confirmez & autorisez par Sa Majesté, & à cette fin décerner ses Lettres Patentes en forme d'Edit. FAIT à Paris le Mercredy neuvieme Septembre mil cinq cens quatre-vingt-sept. Ainsi signé SEGUIER & DE VILLE-MONTE'E.

EDIT ET VERIFICATION
des Statuts & Ordonnances.

De l'année mil cinq cens quatre-vingt-huit.

HENRY, par la grace de Dieu, Roy de France & de Pologne: A tous Presens & à venir : SALUT. Desirans pourvoir & empêcher à l'avenir que les abus & malversations qui se peuvent commettre en la composition des vinaigres, cendres & gravelées faites, vendues & débitées en notre Ville de Paris, ne s'y continuassent; Nous avons par notre Edit du mois de Decembre mil cinq cens quatre-vingt-cinq, verifié en notre Cour de Parlement de Paris, le vingt-septiéme jour de Juin mil cinq cens quatre-vingt-sept dernier, permis aux Bourgeois, Marchands vendans vins en gros, Taverniers & Cabaretiers d'icelle, de convertir leurs vins amers, poussez & estonnez esdits vinaigres, & des lies & gros d'iceux faire cendres & gravelées, & à ces fins avoir & tenir en leurs maisons les pressoirs, engins, personnes & autres choses nécessaires pour en faire la distribution aux etrangers seulement : Nous leur aurions aussi permis pour l'entretenement & negociation de leur trafic, de s'assembler & composer de tous ceux qui en auroient de nous pris permission

C ij.

& satisfait à ñotredit Edit, un Corps, Confrairie & Communauté, même d'élire de deux en deux ans quatre Maîtres Gardes Jurez dudit Métier, qui feront les visites sur les autre Maîtres ouvriers, exercice & pratique d'icelle; Et pour le policer & regler comme sont tous les autres Etats, Métiers & Communautez de notre Ville, ils ont dressé & redigé par ecrit les Statuts, Reglemens, Constitutions & Ordonnances qu'ils ont connus être necessaires pour la conservation de l'exercice & police de leursdits etat & trafic, desquels articles la teneur s'ensuit.

I.

Et premierement, Que tous ceux lesquels font à present etat & trafic de la Marchandise de Vin en cette Ville & Fauxbourgs de Paris, seront reçûs & passez Maîtres.

II.

Qu'à l'advenir aucun ne pourra être reçû Maître & faire etat de Marchandise de vin en ladite Ville, Fauxbourgs & Banlieue de Paris, qu'il n'ait servi l'espace de quatre ans l'un des Maîtres dudit etat, ou bien qu'il fût fils de Maître né en loyal mariage, afin de le rendre capable au fait de ladite Marchandise.

III.

Item, Qu'auparavant que proceder à la reception d'un Maître de ladite Marchandise, seront lesdits Gardes tenus de s'enquerir diligemment des bonne vie, mœurs & religion d'iceluy qui demandera à être reçû, afin que s'il se trouve n'être de la Religion Catholique & Romaine, ou qu'autrement il fût diffamé de quelque vice notable, dont il pût encourir quelque note d'infamie, en advertir le Procureur de Sa Majesté au Châtelet de Paris, pour le debouter & rejetter de ladite Marchandise.

IV.

Et au cas que celuy lequel se representera pour parvenir à ladite Maîtrise, soit trouvé capable & suffisant de ladite qualité requise, lesdits Gardes le representeront audit Procureur en sa Chambre audit Châtelet, lequel luy fera faire le serment, & ce fait, sera enregistré en la maniere accoûtumee.

V.

Pareillement ne pourront avec la Marchandise exercer les etats de Vendeurs de vins, ou de Courtiers en Office.

VI.

Seront faites défenses à tous Maîtres de ladite Marchandise, souftraire les Apprentifs ou Serviteurs les uns des autres, & les mettre en befogne, si ce n'eft du confentement des Maîtres qu'ils auront les derniers fervis, ou que par Juftice il leur foit permis.

VII.

Comme auffi ne pourront employer & mettre en befogne les Serviteurs qui fe feront départis du fervice d'autres Maîtres pour larcin, ou autre cas digne de punition, que premierement lefdits Serviteurs n'ayent été purgez par Juftice des cas à eux imposez.

VIII.

Les Veuves defdits Maîtres, tant qu'elles fe contiendront en viduité, jouiront de pareils Privileges que leurs défunts maris. Mais fi elles fe remarient en fecondes nôces, ou qu'elles foient convaincues d'avoir fait faute en leur viduité, elles perdront ledit Privilege, & ne pourront s'entremettre de ladite Marchandife.

IX.

Les Veuves des Maîtres pourront faire perachever aux Serviteurs qui auront été obligez à leurs défunts maris, leur tems de fervice fous elles, pourvû qu'elles continuent le trafic de leurs défunts maris, & qu'elles ne fe remarient à autres que dudit état, autrement feront lefdites Veuves tenues remettre lefdits Serviteurs és mains des fufdits Maîtres & Gardes, pour leur pourvoir de Maître avec lequel ils paracheveront leur tems de fervice.

X.

Ne pourront lefdites Veuves, encore qu'elles continuent le trafic de leurs fufdits maris, prendre ou faire obliger aucuns Apprentifs nouveaux, mais pourront avoir des Serviteurs pour s'en fervir au fait de leur Marchandife.

XI.

Que chacun Maître de ladite Marchandise ne pourra avoir qu'un Apprentif ou deux pour le plus à la fois, mais pourra après sur la quatrieme année de sondit Apprentif en prendre un autre pour le conduire & acheminer à la Marchandise : Aussi s'il advenoit que son Apprentif s'enfuit de son service, contre le gré & consentement de sondit Maître, il sera tenu faire toutes les diligences de le recouvrer pour lui faire parachever sondit apprentissage ou bien le faire renoncer à l'état de ladite Marchandise, & en cas de renonciation sera tenu de le faire comparoître en la Chambre du Procureur de Sa Majesté pour en être fait registre : Ne pourra toutefois ledit Maître prendre un autre Apprentif, sinon après un mois que le sien s'en sera fuy ou absenté.

XII.

Que les Maîtres de ladite Marchandise, quinze jours après qu'ils auront fait obliger lesdits Apprentifs, seront tenus les faire enregistrer en la Chambre de notredit Procureur audit Châtelet, l'un des Gardes de cette Marchandise, à ce faire appellé, & payeront lesdits Maîtres pour leurs Apprentifs dix sols parisis, sur peine contre les contrevenans à ce présent Article, & qui n'y auront dedans ledit tems satisfait, de deux écus d'amende.

XIII.

Ne pourront lesdits Maîtres transporter les Apprentifs, les uns aux autres, sans en advertir les Gardes de ladite Marchandise, lesquels en tiendront Registres pour obvier aux fraudes & abus qui s'y pourroient commettre, sur peine de deux écus d'amende sur chacun contrevenant.

XIV.

Qu'aucun Maître de ladite Marchandise ne pourra mettre en œuvre, ni tenir en sa maison aucune lie puante, vin ni rapez qui soient puants & boutez : Et ne pourront lesdits Marchands de vin avoir en leur maison, cidre ni poiré, sur peine de deux écus d'amende.

XV.

Qu'aucun ne pourra mettre en besogne vin recuelli

par terre , fur peine de perdre le vin, & de payer un écu
d'amende.

XVI.

Qu'aucun Maître de ladite Marchandife ne pourra
ouvrer à faire vinaigre ou cendres gravelées, ès jours de
Dimanches & Fêtes commandez de l'Eglife.

XVII.

Qu'aucun Maître ne pourra brûler lie en fa maifon de ladite Ville & Fauxbourgs.

XVIII.

Et d'autant qu'il convient faire plufieurs frais par les
Maîtres & Gardes de ladite Marchandife , pour icelle
maintenir & conferver, pour les vifites ordinaires qui leur
conviendra faire, tant fur les Maîtres de ladite Marchandife , qu'autres, lefquels contreviendront aux prefentes
Ordonnances, & auffi pour foutenir leurs procès, SERA
ORDONNE' par Sa Majefté, que pour fatisfaire aufdits frais, chacun Maître payera à fa reception, outre le
droit du Roy, la fomme d'un écu fol : Et encore feront
tenus chacun defdits Maîtres reçus, continuer de bailler
par chacune femaine un fol, pour fubvenir aux affaires
du Corps de ladite Marchandife.

XIX.

Pareillement tous les Maîtres qui prendront nouveaux
Apprentifs, feront tenus dans la quinzaine qu'ils les auront
reçus à leur fervice, leur faire payer, tant à Sa Majefté,
qu'aufdits Gardes, la fomme de vingt fols parifis ; Sçavoir,
eft quatre fols parifis à Sadite Majefté , & feize fols parifis
aux Gardes , & en défaut de ce, dedans ledit tems, feront
contraints lefdits Maîtres & Gardes de payer pour leurs
Apprentifs, fauf leur recours contr'eux.

XX.

Qu'audit état il y aura dorefnavant quatre Maîtres
Gardes fuffifans & capables pour icelui gouverner & garder, & prendre garde aux méprifes, fautes & malverfations qui y pourroient être commifes, lefquels quatre
Gardes feront élûs & nommez par une grande & faine

partie des Maîtres de ladite Marchandise, lesquels pour
ce faire s'assembleront par devant notre Prevot de Paris,
ou son Lieutenant Civil, appelle notre Procureur audit
Châtelet, lequel fera faire le serment à ceux qui se trouveront
avoir la pluralité des voix, s'il n'y a occasion legitime
d'empêchement ou excuse.

X X I.

Et ne pourront s'excuser ceux lesquels auront été élûs.

X X II.

Que desdits Maîtres & Gardes en seront changez deux
par chacun an, après les deux premieres années expirées,
selon la forme & election cy-dessus prescrite, & en seront
mis deux nouveaux au lieu des deux anciens qui seront
déchargez, & en demeurera toûjours deux anciens, à ce que
les deux nouveaux élûs soient instruits de leurs Charges
& devoir.

X X III.

Et pour ce qu'audit état de la Marchandise, il y aura
grand nombre de Maîtres, lesquels ne pourroient être tous
appellez à l'election desdits Gardes, pour éviter à la confusion qu'ameneroit une si grande multitude ; Sera ordonné
que le Reglement qui a acoûtumé d'être gardé en l'é-
lection des Maîtres & Gardes de la Draperie, sera pareillement gardé & observé en la presente élection, à sçavoir
que l'on y appellera un nombre de Maîtres ; de façon que
ceux qui y auront été appellez un an, ne pourront assister après deux ans passez & expirez.

X X IV.

Procedant au fait desquelles visites par lesdits Gardes,
à ce que les fautes & abus ne soient cachez, mais viennent
en évidence & lumiere pour être corrigez, & en être fait
telle punition que le cas le requerera ; iceux Gardes appelleront avec eux un Commissaire ou Sergent au Châtelet de
Paris, pour y assister, donner confort, ayde & prison, si
métier est faire ouverture & proceder par voye de scellé, de
tous les lieux où ils sçauront ou penseront qu'il y échet
visite.

visite, & d'icelle en feront Procés-verbal qui sera rapporté
audit Procureur de Sadite Majesté, auquel Procés-verbal
lesdits Gardes seront tenus rapporter & déclarer toutes les
fautes & malversations qu'ils y auront trouvées.

XXV.

Lesquels Gardes pour obvier aux malversations & contraventions qui se pourront commettre audit état, pourront faire visites ordinaires par toute cette Ville, Fauxbourgs & Banlieue, sans que pour faire lesdites visites ils
soient tenus demander aucun Placet ou Pareatis aux hauts
Justiciers, ou à leurs Officiers, parce qu'il est question du
fait de Police, dont la connoissance appartient au Prevôt
de Paris seul.

XXVI.

Que lesdits Maîtres & Gardes pour leurs salaires & vacations d'administrer cette Charge, ne pourront prendre
autre & plus grand droit que ce qui a été adjugé par les
Arrêts de notre Cour de Parlement, aux Maîtres-Gardes
& Jurez des autres marchandises de Paris, qui est à la réception de chacun nouveau Maître, un écu sol à chacun
desdits Gardes, excepté les Fils de Maîtres qui ne payeront que demy écu.

XXVII.

Que lesdits Maîtres & Gardes à la fin des deux années
de l'exercice de leur Charge, bailleront les presentes Ordonnances; ensemble les Registres des Apprentifs & autres
Titres, Arrêts & Sentences concernant le fait desdites Ordonnances, à ceux qui les succederont à la Charge, & à ce
faire seront contraints par toutes voyes deues & raisonnables.

XXVIII.

Nul ne pourra être reçu Maître en ladite marchandise,
qu'il n'ait obtenu Lettres de provision du Roy, suivant
son Edit ou Quittance, portant décharge selon la Commission sur ce expediée par Sa Majesté.

XXIX

Tous Maîtres qui se passeront, bailleront au Clerc de ladite Communauté vingt sols tournois, en consideration

D

des services qu'il pourra faire à icelle, & pour l'occasionner de bien fidellement servir ladite Communauté, sans toutefois en ce comprendre les gages & salaires qui lui sont attribuez par icelle.

XXX.

Nous ayans lesdits Supplians fait supplier & requerir, d'autant que sans iceux Statuts ledit Etat ne peut être reglé & policé, que notre plaisir fût de les approuver & autoriser: mais auparavant que ce faire, d'autant que c'est un fait de police dont le Prevôt de notredite Ville, ou son Lieutenant Civil, est Juge naturel & ordinaire, Nous lui aurions renvoyé lesdits Articles, ensemble la Requête qu'ils nous auroient à cette fin presentée, pour avec notre Procureur en ladite Prevôté, les voir & considerer, & par même moyen nous donner avis sur ce, afin de pourvoir ausdits Supplians ainsi que de raison. A quoy ayant été par eux satisfait, & lesdits Articles, Requêtes & avis vûs en notredit Conseil, SÇAVOIR FAISONS, que voulant favorablement traiter & gratifier lesdits Supplians en cet endroit, comme il a été fait ausdits autres Maîtres-Jurez de Paris, pour le bien de nos Sujets, reglement & police d'iceux, & conformément audit avis dudit Prevôt de Paris, ou sondit Lieutenant, & de notredit Procureur: Avons iceux Articles, Statuts, Reglemens, Constitutions & Ordonnances susdits dudit Etat & Métier, & tout le contenu en iceux, cy-dessus transcrit, accordez, concedez approuvez, validez & autorisez, accordons, concedons, approuvons, validons & autorisons de grace speciale par ces Presentes, voulons & nous plaît, qu'ils soient cy-après entr'eux leurs successeurs audit Etat, inviolablement gardez, entretenus & observez de point en point, selon leur forme & teneur, & qu'ils en jouissent & usent pleinement & paisiblement, sans qu'il y soit ou puisse être contrevenu en aucune maniere, sur les peines y contenues, que nous ordonnons & permettons faire executer contre les contrevenans, en cas de contravention, réellement & de fait, par toutes voyes & contraintes en tel cas requises & accoûtumées.

Si DONNONS en mandement à nos amez & feaux les
Gens tenans notre Cour de Parlement à Paris, Prevôt dudit lieu, ou son Lieutenant, & à tous nos autres Justiciers & Officiers qu'il appartiendra, que cesdites Presentes,
ensemble lesdits Statuts, Constitutions, Privileges & Ordonnances susdits, ils fassent lire, publier, afficher & enregistrer par tout où besoin sera ; entretenir, garder &
observer de point en point, sans permettre qu'il y soit
contrevenu; contraignant & faisant contraindre à cela faire,
souffrir & obéir tous ceux, & ainsi qu'il appartiendra,
par forme & maniere qu'il est plus au long contenu cy-
dessus, sans permetre ou souffrir qu'il y soit contrevenu,
ce que nous défendons à toutes personnes quelconques, sur
les peines susdites : CAR tel est notre plaisir. Et afin que
ce soit chose ferme & stable à toûjours, Nous avons fait
mettre notre Scel à cesdites Presentes, sauf en autre chose
notre droit & l'autruy en toutes. DONNE' à Paris au
mois d'Octobre, l'an de grace mil cinq cens quatre-vingt
sept, & de notre Regne le quatorziéme : Ainsi signé par
le Roy en son Conseil POTIER, & à côté *Visa*, & scellées. Et
plus bas est écrit. Veu l'avis du Lieutenant Civil, signé TURA-
VANT. Et à côté au dessus de la signature dudit Potier est écrit.

Regiftré, oüy le Procureur Général du Roy, pour jouir
par les Impetrans de l'effet & contenu en icelui. A Paris
en Parlement le sixiéme jour d'Août mil cinq cens quatre-
vingt-huit.　　Signé, DUTILLET.

EXTRAIT DES REGISTRES
de Parlement.

Du sixiéme Août mil cinq cens quatre-vingt-huit.

VEU par la Cour les Lettres Patentes du Roy en
forme de Chartres, données à Paris au mois d'Octobre
mil cinq cens quatre-vingt-sept, signées par le Roy en son

1587

D ij

Confeil, POTIER, contenant approbation & ratification des Statuts, Ordonnances & Reglemens d'entre les Marchands vendans vins en gros, Hôteliers, Cabaretiers & Bourgeois de cette Ville & Fauxbourgs, la Requête préfentée pour la verification defdites Lettres Patentes, attachée aufdits Statuts, fous le contre-fcel de la Chancellerie, adreffante au Prevôt de Paris ou fon Lieutenant, pour donner avis fur lefdits Statuts, Ordonnances & Reglemens, ledit avis fur ce figné, SEGUIER & DE VILLEMONTE'E: Conclufions du Procureur Général du Roy, qui auroit requis les Vinaigriers de cette Ville & Fauxbourgs être oüis en leur Confeil. Six Requêtes injonctives aufdits Vinaigriers de communiquer, des dernier Mars, premier & onziéme Avril, dix-huitiéme Juin, neuviéme & feiziéme Juillet
Conclufions du Procureur Général du Roy, auquel tout a été communiqué & tout confulté. LADITE COUR a ordonné que lefdites Lettres Patentes contenant lefdits Statuts & confirmation d'iceux, feront regiftrées ès Regiftres d'icelle, oüy fur ce le Procureur Général du Roy, pour jouir par les Impetrans de l'effet & contenu en icelles. FAIT en Parlement le fixiéme jour d'Août l'an mil cinq cens quatre-vingt-huit. Signé DUTILLET.

Confirmation de Privilege.

HENRY, par la grace de Dieu, Roy de France & de Navarre: A tous prefens & à venir, SALUT. Nos chers & bien amez les Marchands vendeurs de vin en gros, Hôteliers, Cabaretiers & Bourgeois de cette Ville de Paris, nous ont fait remontrer que dès l'année mil cinq cens quatre vingt-fept, ils auroient dreffé des Articles & Statuts concernant le fait de leur trafic & marchandife, lefquels ayant été trouvez raifonnables par nos Officiers, auroient été omologuez par le feu Roy, dernier decedé, notre très-honoré Seigneur & Frere, tellement que depuis ce tems ils en auroient toûjours joui & usé jusqu'à present toutefois parce que depuis notre avenement à la Couronne ils n'ont obtenu de Nous confirmation desdits Statuts, il. doutent que cy-après on les voulût empêcher en la jouïssance d'iceux, s'ils n'avoient sur ce nos Lettres de Confirmation à ce necessaires, humblement requerant icelles. SÇAVOIR FAISONS, que nous ayant fait voir en notre Conseil lesdits Articles & Statuts, ensemble l'omologation & autorisation d'iceux par notre feu Sieur & Frere le Roy Henry dernier decedé, & verification faite par nos Officiers au Châtelet de Paris, & inclinant liberalement à l'humble Requête desdits Supplians, que nous desirons bien & favorablement traiter : A iceux, pour ces causes & autres bonnes considerations à ce nous mouvans, avons confirmé & continué, & par la teneur des Presentes de notre certaine science, pleine puissance & autorité Royale, continuons & confirmons lesdits Statuts que nous voulons être gardez & observez de point en point par lesdits Supplians & leurs successeurs audit trafic, pour en jouir par eux & leurs successeurs, doresnavant & à toûjours, pleinement & paisiblement, comme ils ont cy-devant bien & duëment jouy & usé, jouïssent & usent encore de present, & tout ainsi qu'il est porté par lesdits articles, verifiez par nos Officiers : SI DONNONS en mandement à nos amez & feaux les Gens tenans notre Cour de Parlement à Paris, Prevôt dudit lieu ou son Lieutenant, & tous nos autres Justiciers & Officiers qu'il appartiendra, que cesdites Presentes, ensemble lesdits Statuts, Constitutions, Privileges & Ordonnances susdits, ils fassent lire, publier, afficher & enregistrer par tout où besoin sera, entretenir, garder & observer de point en point, sans permettre qu'il y soit contrevenu, contraignant & faisant contraindre à ce faire, souffrir & obeïr tous ceux & ainsi qu'il appartiendra par la forme & maniere, ainsi qu'il est plus au long contenu, sans permettre ou souffrir qu'il y soit contrevenu. Ce que nous défendons à toutes personnes quelconques ; CAR tel est notre plaisir : Et afin que ce soit chose ferme & stable à toûjours, nous avons fait mettre notre Scel à cesdites Presentes, sauf en autre chose notre droit, & l'autruy en toutes. DONNE' à Paris au mois d'Avril l'an de grace mil cinq cens quatre-vingt-quatorze, & de notre Regne le cinquième. Signé sur le repli, par le Roy en son Conseil, COMBAUD, Et scellé en lacs de soye de cire jaune.

Confirmation des Statuts en 1594.

Autre Confirmation.

Autre confirmation desdits Statuts en l'année 1587.

LOUIS, par la grace de Dieu, Roy de France & de Navarre: A tous presens & à venir, SALUT. Nos chers & bien amez les Marchands vendans vin en gros, Hôteliers, Cabaretiers & Bourgeois de notre bonne Ville de Paris, nous ont fait dire & remontrer que dès l'année mil cinq cens quatre-vingt-sept, ils auroient fait dresser les Statuts & articles concernans le fait de leur trafic & Marchandise, lesquels ayant été trouvez raisonnables, auroient été omologuez par le feu Roy Henry III. notre très-honoré Seigneur & Oncle, & depuis confirmez par notre très-honoré Seigneur & Pere le Roy dernier decedé, que Dieu absolve, tellement qu'ils en ont toûjours depuis bien & duëment jouy & usé jusqu'à present, qu'ils craignent y être troublez, au moyen du decès avenu de notre feu Seigneur & Pere, s'ils n'ont sur ce nos Lettres de confirmation necessaires, dont ils nous ont très-humblement supplié & requis. A CES CAUSES, sçavoir faisons, que nous desirans par l'avis de la Reine Regente notre très-honorée Dame & Mere, gratifier & favorablement traiter lesdits Supplians, & après avoir fait voir en notre Conseil, tant lesdits Articles & Statuts, que les Lettres d'omologation & confirmation, ensemble les Arrêts de verification de notre Cour de Parlement, le tout cy attaché sous notre contre-scel, à iceux Supplians, pour ces causes & autres bonnes considerations à ce nous mouvans, Avons confirmé & confirmons par ces Presentes signées de notre main, lesdits Statuts & Privileges, & iceux, en-

31

tant que befoin eft ou feroit, de nouveau loüez, approuvez & ratifiez, loüons, approuvons & ratifions, voulons &
entendons qu'ils foient par lefdits Supplians & leurs fuc-
cefleurs audit trafic, gardez, obfervez & entretenus de
point en point, felon leur forme & teneur, pour en
joüir par eux & leurfdits fucceffeurs dorefnavant & à
toûjours, pleinement & paifiblement, comme ils en ont
cy-devant bien & dûément joüy & ufé, joüiffent & ufent
encore de prefent. VOULONS en outre & nous plaît,
que conformément à l'Arrêt contradictoirement donné
en notre Confeil d'Etat, entr'eux & les Maîtres & Gardes
des fix Corps des Marchands de nôtredite bonne Ville,
ils puiffent affifter aux Entrées en icelle Ville, de Nous &
nos fucceffeurs, & des Reines, avec les habits qui leur
feront preferits par les Prevôt des Marchands & Efchevins d'icelle nôtredite bonne Ville, pour marcher avec
lefdits fix Corps felon le rang qui leur fera baillé par les
Prevôt des Marchands & Efchevins, ainfi qu'il eft porté
par ledit Arrêt auffi cy-attaché fous notre contre-fcel. SI DON-
NONS en mandement à nos amez & feaux Confeillers les Gens
tenans notre Cour de Parlement à Paris, Prevôt dudit lieu
ou fon Lieutenant, & à tous autres nos Jufticiers & Officiers
qu'il appartiendra, que ces Prefentes ils faffent lire, publier
& enregiftrer, & du contenu en icelles, enfemble defdits Privileges, Statuts & Arrêts de nôtredit Confeil d'Etat, ils faffent, fouffrent & laiffent lefdits Supplians joüir & ufer pleinement & paifiblement, ceffant & faifant ceffer tous troubles
& empêchemens au contraire; Car tel eft notre plaifir : Et
fin que ce foit chofe ferme & ftable à toûjours, Nous avons
fait mettre notre Scel à cefdites Prefentes, fauf en autres
chofes notre droit & l'autruy en toutes. DONNE' en nos Dé-
ferts de Fontainebleau au mois de Juin, l'an de grace mil fix
cens onze, & de notre Regne le deuxième, figné LOUIS,
& fur le reply, par le Roy, la Reine Regente fa mere
prefente, DE LOMENIE ; & à côté eft écrit Vifa, &
fcellées en lacs de foye rouge & verte de cire verte. Et
au dos eft auffi écrit, Regiftrata

*Le Roy veut
que les Maiftres
& Gardes Mar-
chands de Ville
affiftent comme
les fix autres
Corps aux En-
trées & autres
Ceremonies.*

*Confirmation
des Statuts de
l'année 1611.*

EXTRAIT DES REGISTRES
du Conseil d'Etat.

Du vingt-neuvième Avril mil six cens dix.

L'opposition des six Corps pour porter le Dais à l'Entrée de la Reine.

SUR le rapport fait au Conseil du différend meu entre les Maîtres & Gardes des six Corps des Marchands de cette Ville de Paris, & les Maîtres & Gardes du Corps des Marchands de Vin de ladite Ville : Sur ce que les Prevôt des Marchands & Eschevins d'icelle, auroient en vertu des Lettres de Cachet de Sa Majesté, du 21. Février dernier, enjoint ausdits Maîtres & Gardes de la marchandise de Vin, d'assister à l'Entrée de la Reine pour y porter le Dais, comme font les autres Maîtres & Gardes des six Corps de la marchandise de ladite Ville. Veu lesdite Lettres, l'Ordonnance desdits Prevôt des Marchands & Eschevins, des neuvième Mars dernier, & sixième du present mois, portant injonction aux Maîtres & Gardes de la marchandise de vin, de se tenir prêts avec robbes de velours bleu & habits de soye, pour assister à l'Entrée de la Reine & y porter le Dais, ainsi que les autres Maîtres & Gardes. Requête & Remontrances respectivement baillées par écrit par l'un & l'autre desdits Corps. Et après que ledit Prevôt des Marchands a été oüy audit Conseil : LE ROY EN SON CONSEIL, attendu que lesdits Maîtres & Gardes du Corps de la marchandise desdits Vins ne sont fondez en aucunes Lettres Patentes de Sa Majesté, qui leur attribue droit de porter le Dais aux Entrées des Rois & Reines, avec lesdits Maîtres & Gardes desdits six Corps des Marchands : A ordonné & ordonne, qu'ils s'abstiendront de porter ledit Dais à l'Entrée de la Reine, jusqu'à ce que par Sa Majesté en soit autrement ordonné. VEUT neantmoins Sadite Majesté, qu'ils puissent assister à
ladite

ladite Entrée avec les habits qui leur ont été prescrits par lesdits Prevôt des Marchands & Eschevins, pour marcher avec lesdits six Corps, selon le rang qui leur sera baillé par iceux Prevôt des Marchands & Eschevins. FAIT au Conseil d'Etat du Roy, tenu à Paris le vingt-neuviéme jour d'Avril mil six cens dix. Signé BAUDOYN.

EXTRAIT DES REGISTRES
du Conseil d'Etat.

Du vingt-neuviéme May mil six cens quinze.

VEU par le Roy en son Conseil, la Requête pré- *Suite de ladite opposition,*
sentée à Sa Majesté par les Maîtres & Gardes du
Corps & Communauté des Marchands de Vin de la Ville &
Fauxbourgs de Paris : Contenant que le feu Roy Henry III.
pour le bien & utilité public, entretenement & negociation du trafic de la marchandise de Vin, ayant permis aux
Supplians de composer un Corps & Communauté de tous
lesdits Marchands, même d'élire de deux en deux ans, quatre Maîtres Gardes-Jurez dudit Etat, qui seroient les visites
sur tous les autres Maîtres, il leur auroit par ses Lettres du
mois d'Octobre 1587. verifiées en la Cour de Parlement,
accordé, concedé & approuvé les Statuts, Reglemens &
Ordonnances jugées necessaires pour la conservation de
l'exercice & police de leur trafic ; depuis lequel tems ils auroient traité toutes les affaires de leurdite Communauté,
en la forme & maniere que les autres six Corps anciens des
Marchands de ladite Ville de Paris ; ce qui leur a été confirmé par le feu Roy Henry le Grand & par Sa Majesté : Et
neanmoins contre cette concession & confirmation, Maitre
Pierre Guillet qui se dit Commis au recouvrement & re-
cepte des deniers du droit de Confirmation dû à Sa Majesté

E

auroit fait faire commandement à plusieurs particuliers dudit Corps & Communauté, de payer les uns les sommes de
dix-huit livres, les autres de douze livres, ausquelles il pré-
tend qu'ils ont été taxez, tant pour ledit droit de Confirmation, que pour le Privilege de vendre vin en Taverne,
avec déclaration qu'ils seroient contraints pour ladite somme,
ensemble pour les frais, comme pour les propres deniers de
Sa Majesté : Ce qui oblige d'autant plus lesdits Supplians aux
remontrances qu'ils en font à Sa Majesté, que ce seroit les
priver de la grace qu'ils ont reçûe des predecesseurs de Sa
Majesté, qu'elle leur a confirmée, & au lieu que tous lesdits
Marchands ne font qu'un Corps, les remettre en la confusion en laquelle ils étoient auparavant, & les rendre de pire
condition que tous les autres Marchands de ladite Ville, leur
faire payer plus que lesdits Corps ensemble, d'autant qu'à
les prendre à douze livres seulement, sur le pied de huit cens
Marchands qui se font trouvez en l'année derniere, tant en
ladite Ville que Fauxbourgs, sans y comprendre les douze
Marchands & les vingt-cinq Cabaretiers de la Cour, qui
ne font dudit Corps, & qui font plus que tout le reste, &
même tel d'eux a trois ou quatre caves ouvertes, & quelques
Suisses de la garde de Sa Majesté, ce seroit neuf mille six cens
livres, où le Corps des Marchands de Mercerie Grosserie
n'en a payé que deux mille livres, & celui de la Draperie
moins, qui font en plus grand nombre : Requerant Sa Majesté ne les frustrer de l'octroy à eux fait par lesdits predecesseurs par leurs Lettres Patentes, Arrêts de son Conseil,
le tout confirmé par Sa Majesté, & vouloir ordonner qu'ils
seront taxez en Corps & non separément, par une taxe moderée, laquelle ils pourront départir en la forme & maniere,
sur ceux qui ont accoutumé de contribuer aux autres levées
faites sur eux en la Communauté, & pour affaire de leurdit Corps. Réponse de Maître Antoine Doüelle pour ledit
Guillet à la communication à lui faite de ladite Requête,
Et après que ledit Doüelle & lesdits Maîtres & Gardes dudit Corps ont été oüis audit Conseil par plusieurs & diverses
fois, & que lesdits Maîtres & Gardes ont representé en icelui

lesdites Lettres Patentes du feu Roy Henry III. du mois
d'Octobre 1587. enregistrées au Parlement le sixiéme Août
1588. portant entr'autres Privileges qu'il sera elû des Maîtres & Gardes à l'instar desdits Maîtres & Gardes de la
Draperie. Arrêt de la Cour de Parlement du vingt neuviéme Novembre 1596. Arrêt donné audit Conseil d'Etat
le vingt-neuviéme Avril 1610. par lequel est ordonné qu'attendu qu'ils ne sont fondez en aucunes Lettres du feu Roy
Henry le Grand lors regnant, qui leur attribue droit de porter le Dais aux Entrées des Rois & Reines, avec lesdits Maîtres Gardes desdits six Corps des Marchands, A ORDONNE'
qu'ils s'abstiendront de porter le Dais à l'Entrée de la Reine,
jusqu'à ce que par Sa Majesté en eût été autrement ordonné ;
& neanmoins qu'ils pourroient assister à ladite Entrée avec
les habits qui leur avoient été prescrits par les Prevôt des
Marchands & Eschevins de ladite Ville, pour marcher avec
lesdits six Corps, selon le rang qui leur sera baillé par lesdits
Prevôt des Marchands & Eschevins de ladite Ville. Lettres
Patentes de Sa Majesté données à Fontainebleau, au mois
de Juin 1611. signées DE LOMENIE, portant confirmation desdits Privileges contenus ausdites Lettres du mois d'Octobre
mil cinq cens quatre-vingt-sept & audit Arrêt donné audit
Conseil le vingt-neuf Avril 1610 par lesquelles Sadite Majesté
veut que conformément audit Arrêt, ils puissent assister aux
Entrées en icelle Ville de Sadite Majesté, & de ses successeurs
& des Reines, ave les habits qui leur seront prescrits par ledit
Prevôt des Marchands & Eschevins, pour marcher avec lesdits six Corps selon leur rang qui leur sera baillé par lesdits
Prevôt des Marchands & Eschevins. LE ROY EN SON
CONSEIL, ayant égard à ladite Requête, A ordonné &
ordonne que lesdits Maîtres & Gardes dudit Corps & Communauté desdits Marchands de vin, tant en gros qu'en détail,
Hôteliers & Cabaretiers de ladite Ville & Fauxbourgs de
Paris, payeront pour ledit Corps dans le vingtiéme Juin pro-
chain, ès mains dudit Maître Antoine Doüelle, la somme de
dix mille livres pour ledit droit de confirmation par eux dû à
Sa Majesté pour son advenement à la Couronne, moyennant

laquelle somme Sadite Majesté les a maintenus & confer-
vez en la jouïssance des Privileges, Franchises, Droits &
Libertez à eux concedez par les feus Rois ses prédecesseurs,
& Arrêt dudit Conseil du vingt-neuf Avril 1610. & Lettres
Patentes de Sadite Majesté, données à Fontainebleau au
mois de Juin 1611. laquelle somme de dix mille livres, Sadite
Majesté veut & entend être departie & levée entr'eux sur
ceux qui ont accoûtumé de contribuer aux autres charges &
frais necessaires dudit Corps, en la maniere accoûtumee ; &
que ce qui se trouvera avoir été levé pour ledit droit de Confirmation, leur sera précompté & rabattu sur ladite somme
par ledit Doüelle, auquel ils seront tenus rendre les Quittances particulieres qui pourroient en avoir été baillées, en
leur baillant la Quittance générale au nom dudit Corps pour
ladite somme de dix mille livres. FAIT au Conseil d'État du
Roy, tenu à Paris le vingt-neuviéme jour de May mil six
cens quinze. Signé BAUDOYN.

LOUIS par la grace de Dieu, Roy de France & de Navarre : Au Prevôt de Paris, ou son Lieutenant Civils ;
Salut. Par Arrêt ce jourd'huy donné en notre Conseil : Veu
la Requête à Nous presentée par nos bien amez les Maîtres &
Gardes du Corps & Communauté des Marchands de Vin
de notre Ville & Fauxbourgs de Paris : Nous avons ordonné
que lesdits Maîtres & Gardes dudit Corps & Communauté
desdits Marchands de Vin, tant en gros qu'en détail, Hôteliers & Cabaretiers de notredite Ville & Fauxbourgs, payeront pour ledit Corps dans le vingtième jour de Juin pro-
chainement venant, ès mains de Maître Antoine Doüelle, la
somme de dix mille livres pour notre droit de Confirmation
par eux à Nous dûe pour notre advenement à la Couronne,
moyennant laquelle somme Nous les avons maintenus &
maintenons, conservez & conservons en la jouïssance des
Privileges, Franchises, Droits & Libertez à eux, concedez
par les feus Rois nos prédecesseurs, & Arrêt de notre Conseil
du vingt Avril 1610. & nos Lettres Patentes données à Fontainebleau au mois de Juin 1611. laquelle somme Nous vou-

lons & entendons être départie & levée entr'eux sur ceux qui
ont accoûtumé de contribuer aux autres charges & frais necessaires dudit Corps en la maniere accoûtumée, & que ce
qui se trouvera avoir été levé pour le droit de Confirmation
leur soit precompté & rabattu sur ladite somme par ledit
Doüelle, auquel seront tenus de rendre les quittances particulieres qui pourroient en avoir été baillées, en leur baillant
la quittance générale au nom dudit Corps pour ladite somme
de dix mille livres. Et d'autant que pardevant vous les affaires
dudit Corps & Communauté, en ce qui concerne ce qu'ils
départent sur eux pour leursdites affaires, ont accoûtumé
être traitées, & en rendent les Maîtres & Gardes sortans de
charge, compte par devant vous, en presence desdits Maîtres
& Gardes, & ceux qui sont nommez par ladite Communauté, ce que nous desirons être suivi au département de
ladite somme de dix mille livres & frais qu'il leur aura con-
venu faire pour raison de ce : Nous vous mandons qu'assemblez pardevant vous tous lesdits Maîtres & Gardes, & ceux
desdits Marchands & autres de ladite Communauté, qui ont
accoûtumé d'être appellez à la reddition des comptes qu'ils
rendent pardevant vous des deniers qui se levent sur les con-
tribuables aux frais dudit Corps, vous ayez à départir, selon
l'avis qu'ils vous donneront en loyauté & conscience, ladite
somme de dix mille livres & frais necessaires sur ceux qui ont
accoûtumé de contribuer aux charges & frais necessaires dudit Corps, à la maniere accoûtumée, & pour précompter à
ceux qui auront deja payé quelques sommes de deniers pour
edit droit, Nous voulons qu'ils mettent les quittances ori-
ginales à euxbaillées ès mains desdits Gardes, ou l'un d'eux,
pour vous être representées, & à eux déduites sur la taxe
qu'ils devront porter de dix mille livres & frais, & icelles quittances particulieres, être rendues par lesdits Gardes audit
Doüelle, leur délivrant sa quittance générale de ladite somme de dix mille livres, & qu'au payement de ce que chacun
sera par vous, avec l'avis susdit taxé, ils soient contraints
comme ils pourroient être pour le payement de notre droit
de Confirmation, nonobstant oppositions ou appellationl

quelconques: De ce faire vous donnons pouvoir, commiffion, autorité & mandement fpecial. Et au premier notre
Huiffier ou Sergent faire pour l'execution de ce que deffus,
& de vos Sentences, Ordonnances & Jugemens, toutes contraintes & autres Exploits néceffaires, fans pour ce demander
aucun Pareatis : Car tel eft notre plaifir. Donné à Paris le
vingt-neuviéme jour de May, l'an de grace mil fix cens quinze,
& de notre Regne le fixiéme. Signé, par le Roy en fon Confeil, BAUDOUYN. Et fcellé du grand Sceau de cire jaune en
fimple queue, avec le contre-fcel.

J'Ay recû de Jean Clement, Pierre Fauvetre, Pierre Freler
& Guillaume du Pont, Maîtres & Gardes du Corps &
Communauté des Marchands de Vin ès Ville & Fauxbourgs
de Paris, la fomme de dix mille livres, à laquelle ils ont été
taxez par Arrêt du Confeil du Roy, du vingt-neuviéme jour
de May 1615, pour le droit de Confirmation dû à Sa Majefté
à caufe de fon Advenement à la Couronne, par ledit Corps
& Communauté des Marchands de Vin, pour jouir de leurs
Privileges. FAIT à Paris le dernier jour de Juin mil fix cens
quinze.

*Quittance du Tréforier des Parties Cafuelles de la fomme de
dix mille livres, pour la Confirmation des Marchands de Vin de
la Ville & Fauxbourgs de Paris. Signé, BARENTIN.*
Au dos eft écrit.
*Enregiftré an Controlle général des Finances, par moy fouffigné
Confeiller-Secretaire du Roy, Commis de Monfieur le Controlleur
général à Poitiers, le quatorziéme jour de Septembre mil fix cens
quinze. Signé L'HOSTE.*

EXTRAIT DES REGISTRES
du Conseil d'Etat.

Du vingtième Février mil six cens quarante-quatre.

SUR la Requête presentée au Roy en son Conseil, par les Maîtres & Gardes de la Communauté des Marchands de Vins, Hôteliers & Cabaretiers de cette Ville, Fauxbourgs & Banlieue de Paris, tendante à ce qu'il plût à Sa Majesté leur moderer la taxe de quarante mille livres faite sur eux, pour le droit d'Advenement à la Couronne, à la somme de vingt mille livres, ou telle autre somme qu'il plaira à Sa Majesté, attendu qu'en l'année mil six cens quinze pour pareil droit, ils n'ont été taxez qu'à dix mille livres, & que pour payer la somme à laquelle il plaira à Sadite Majesté de moderer ladite taxe, terme leur soit donné de six mois, pendant lequel tems ils pourront faire leurs visites sur ladite Communauté, afin d'être procedé à la taxe sur chacun; & qu'au payement de ladite taxe toutes personnes vendans Vin & qui contribuent aux frais de ladite Communauté, même ceux qui voudroient pretendre s'en exempter, lesquels n'ont fait apparoir d'aucune renonciation dudit trafic, & ceux qui l'ont fait depuis ledit Advenement: Comme aussi les Archers de ladite Ville, Officiers d'icelle & autres pretendus Privilegiez, en ce non compris les douze & vingt-cinq Marchands de Vin, seront cottisez & contraints par corps comme pour deniers Royaux, nonobstant les autres taxes particulieres que l'on a faites sur quelques Taverniers de la Ville-Levêque, quoyqu'elles soient plus petites, lesquelles neanmoins leur seront déduites & les sommes reçûes par l'Huissier porteur des contraintes de Maître Jean le Maire, Traitant desdites taxes rabattues aux Supplians, sur & tant moins de la taxe qu'ils doivent payer, &

qu'avec ladite somme imposée pour Sa Majesté , il sera aussi levé celle à laquelle monteront les frais de ladite imposition : VEU ladite Requête signée DE LA FOSSE Avocat au Conseil, le Commandement fait aux Supplians de payer ladite somme de quarante mille livres dans six semaines, du vingt-troisiéme Décembre dernier ; & oüy le rapport du Sieur de Morie, Conseiller audit Conseil, Commissaire à ce député ; Et tout consideré : LE ROY EN SON CONSEIL, sans avoir égard à la diminution requise par les Supplians, a ordonné & ordonne que dans un mois ils payeront à Sa Majesté entre les mains des Commis & preposez dudit le Maire porteur des Quittances du Trésorier des Parties Casuelles, ladite somme de quarante mille livres , laquelle ils seront tenus d'asseoir & imposer, avec les frais qu'il conviendra faire pour ladite levée, après qu'ils auront été taxez par les Commissaires sur les Marchands de Vin, Hôteliers & Cabaretiers de ladite Ville & Fauxbourgs de Paris, & généralement sur tous autres pré-tendus Privilegiez Marchands de Vin qui sont de ladite Com-munauté contribuans aux taxes & frais ordinaires d'icelle , ausquelles taxes & frais faits pour les levées d'icelles, ils seront contraints chacun pour leurs parts & portions par emprison-nement de leurs personnes , comme pour les propres deniers & affaires de Sa Majesté, nonobstant oppositions ou appel-lations quelconques, suivant la Déclaration de Sadite Ma-jesté , du vingt-troisiéme Octobre dernier. Fait au Conseil d'Etat du Roy, tenu à Paris le vingtième jour de Février mil six cens quarante-quatre. Collationné, Signé , BORDIER.

LOUIS, par la grace de Dieu, Roy de France & de Navarre : au premier des Huissiers de notre Conseil , ou autre Huissier ou Sergent sur ce requis ; Nous te mandons & commandons que l'Arrêt dont l'extrait est cy-attaché sous le contre-scel de notre Chancellerie , ce jourd'huy donné en notre Conseil d'Etat , sur la Requête des Maîtres & Gardes des Marchands de Vin, Hôteliers & Cabaretiers de notre bonne Ville, Fauxbourgs & Banlieue de Paris : Tu signifies à tous qu'il appartiendra , à ce qu'ils n'en pretendent cause
d'ignorance

41

d'ignorance, & faits pour l'execution d'iceluy, tous commandemens, sommations, contraintes par les voyes y déclarées, défenses & autres Actes & Exploits néceffaires, fans demander autre permiffion, & fera adjouté foi comme aux originaux aux copies dudit Arrêt & des Prefentes, collationnées par l'un de nos amez & féaux Confeillers & Secretaires ; CAR tel eft notre plaifir. Donné à Paris le vingtiéme jour de Février l'an de grace mil fix cens quarante-quatre, & de notre Regne le premier. Signé par le Roy en fon Confeil, BORDIER ; Et fcellé.

J'AY reçu du Corps des Marchands de Vin de la Ville, Fauxbourgs & Banlieue de Paris, par les mains de Monfieur Meunier Maître & Garde, la fomme de quarante mille livres, à laquelle ils ont été taxez au Confeil du Roy, pour le droit de Confirmation dû à Sa Majefté à caufe de fon advenement à la Couronne, à caufe de leurs Privileges, fuivant la Déclaration du vingt-quatriéme Octobre dernier. FAIT à Paris le vingt-huitiéme jour de Juillet mil fix cens quarante-cinq.

Quittance du Treforiers des Parties Cafuelles &
Deniers extraordinaires, de la fomme de qua-
rante mille livres. Signé, DE FLANDRE.

Enregiftré au Contrôle Général des Finances par moy fouffigné, à ce commis par Monfieur d'Hemery, Confeiller au Confeil d'Etat, & Coutrôlleur Général des Finances de France. A Paris le vingt-cinquieme jour de Juillet mil fix cens quarante-cinq. Signé, BOULART.

F

EXTRAIT DU REGISTRE
de l'Hôtel de Ville.

De l'Entrée & Reception faite à Paris au Cardinal Georges d'Amboise, Legat à Latere, en 1501.

Comme les Gardes Marchands de Vin ont porté le Dais.

GUILLAUME DE POICTIERS, Comte de Saint Valier, Gouverneur de Paris, l'Evêque de Lodeve, Président des Comptes ; les Prevôt des Marchands & Eschevins de la Ville de Paris ; Robert Tibouft, Conseiller & Président de la Cour ; le Prevôt de Paris ; Jacques Coctier, Vice-Président en la Chambre des Comptes ; Charles Guillar, Maître des Requêtes ordinaire de l'Hôtel du Roy ; Guillaume Aimerot, Germain de Marle, Denis Meffelin, Jean le Gendre, Louis Seguier, Raoul le Ferron, Conseillers de la Cour de Parlement & autres, étant tous affemblez le treizieme jour de Février mil cinq cens un, en l'Hôtel du Roy, près les Auguftins, pour l'Entrée de très-Reverend Pere en Dieu GEORGES D'AMBOISE, Cardinal Archevêque de Roüen & Legat *à Latere* en France ; les Prevôt & Eschevins firent rapport à l'Affemblée, que le Roy avoit écrit à la Ville, que Monfieur le Legat devoit faire dans peu de jours fon Entrée en cette Ville, & qu'il vouloit & entendoit qu'il y fût reçu fort honorablement, comme on a de coûtume de faire en pareille rencontre, & mieux s'il étoit poffible, ainfi que meritoient les vertus du Legat : à ce fujet il fut ici conclud, fuivant le bon plaifir du Roy, & pour l'honneur de Monfieur le Legat, que l'on feroit un Dais, lequel feroit porté fur lui, cette Coûtume étant en ufage & en pratique en France le jour de leur Entrée ; que l'on tapifferoit les rues par où il pafferoit, & que les Prevôt des Marchands & Eschevins accompagnez des principaux Bourgeois fort leftement vêtus, & des Archers de la Ville, iroient tous à cheval au devant du Legat jufqu'à la Chapelle

Saint Denis, lui faire la reverence. La Cour de Parlement deputa seulement deux Presidens & quelques Conseillers en robbes noires, avec quatre Huissiers qui marchoient devant eux, qui assisterent à cette Entrée, les Eschevins & les Gardes des Corps des Drapiers, Epiciers, Merciers, Bonnetiers, Pelletiers, Orfevres & Marchands de Vin, porterent le Dais sur le Legat. La Ville lui fit present d'ypocras, d'épices & de flambeaux, avec six muids de vin de Baune, suppliant Monsieur le Legat d'avoir la Ville en particuliere recommandation envers Sa Majesté.

A Tous ceux qui ces Presentes Lettres verront, Christophe Sanguin, Seigneur de Livry, Conseiller du Roy en ses Conseils d'Etat & Privé, Président en sa Cour de Parlement en la troisiéme Chambre des Enquêtes, Prevôt des Marchands, & les Eschevins de la Ville de Paris; SALUT. Sçavoir faisons, que vû la Requête à Nous faite & presentée par le Corps & Communauté des Marchands de Vin de cettedite Ville, contenant que comme ils sont l'un des plus grands Corps de ladite Ville, aussi en icelui y a nombre de personnes d'honneur, lesquels pour avoir fait la Marchandise honorablement & avoir servi au public, ont eu l'honneur d'avoir été appellez ès charges d'Eschevins, de Juges Consuls, Gardes de leur Corps, Receveurs Généraux des Pauvres & autres Charges publiques, qui fait que quand ils sont décedez, ceux qui sont lors en charge de Gardes assistent à leurs Funerailles & Enterremens avec les parens & amis du défunt; Mais afin de rendre à l'avenir lesdits Enterremens & Services plus honorables, ledit Corps & Communauté a intention de donner doresnavant à la memoire des défunts quelques torches & luminaires ausquels ils desireroient faire mettre & apposer des Armoiries: Ce qu'ils ne peuvent & ne veulent entreprendre sans notre permission, requierent à cette fin leur vouloir permettre & prescrire à leurdit Corps telles Armoiries qu'il nous plaira. CONSIDERE' le contenu en laquelle Requête, & aussi qu'il est tout notoire que plusieurs Marchands

de Vin de cette Ville , pour avoir merité du public en leur tra-
ficde la Marchandife , ont ete pris & tirez dudit Corps ,& appel'ezefdites Charges d'Efchevins , Juges Confuls , Gardes &
Receveurs Généraux des Pauvres , dont ils fe font dignement
acquittez : & afin de les obliger de continuer & porter les autres à les imiter à l'avenir , par quelques marques & degré
d'honneur , NOUS fur ce oüy le Procureur du Roy de la
Ville, Avons permis & permettonsaudit Corps & Communauté des Marchands de Vin de cettedite Ville, d'avoir en leurdit Corps & Communauté pour Armoiries un Navire d'argent
à Bannieres de France , flottant , avec fix autres petites Nefs
d'argent allentour , une grappe de raifin en chef, lefdites
Armoiries en champ bleu & telles qu'elles font cy-deffous
empraintes, lef-   quelles nous a-
vons données ,   arrêtées & con-
cedées audit   Corps defdits
Marchands de   Vin, pour s'en
fervir en leurdit   Corps à toûjours & perpe   tuité , tant aux
ornemens de   leur Chapelle,
qu'en toutes   les autres occafions qu'ils en   uront befoin ,
même faire   attacher aux
torches & cier   ges qui feront
donnez par le   dit Corps pour
fervir aux En   terremens &
Funerailles de ceux dudit Corps qui feront décedez , ou qui
auront paffez par lefdites Charges , ou l'une d'icelles , fans
qu'ils puiffent pour jamais les changer ni blazonner autrement, que comme elles font cy-deffus figurées : En témoin
de ce, Nousavons mis à ces Prefentes le fcel de la Prevôté
des Marchands. Ce fut fait & donné au Bureau de la Ville
le Vendredy fixiéme jour de Juillet mil fix cens vingt-neuf.

AUJOURD'HUY datte des Presentes sont comparus pardevant les Notaires Gardenottes du Roy notre Sire en son Châtelet de Paris, soussignez, Estienne Barbara, Jacques Charpentier, Claude Pouan, Nicolas Guinon, Germain Ferret & Gabriel Cressi, tous Maîtres & Gardes, tant anciens que nouveaux de present en charge, tant pour eux que pour les autres Maîtres & Gardes du Corps & Communauté des Marchands de Vin de cette Ville de Paris y demeurant; lesquels ont dit & declaré que quoiqu'ils ayent assisté à l'Entrée que fit Monsieur le Cardinal Georges d'Amboise en qualité de Legat en cettedite Ville de Paris en l'année 1501. que depuis feu Henry III. que Dieu absolve, par ses Lettres Patentes données au mois de Décembre 1585. & verifiées au Parlement sans aucune opposition, pour juste cause les érigea en Corps & Communauté, avec faculté d'élire des Maîtres & Gardes, & leur octroya Statuts, Ordonnance & Reglements, & qu'ils ayent été ensuite reconnu en cette qualité & reçus les Ordres & Mandemens de Messieurs les Prevôt des Marchands & Eschevins de cettedite Ville, pour assister aux Assemblées & Ceremonies plus remarquables, & entr'autres à l'Entrée, Sacre & Couronnement de la feue Reine Mere, qui se fit en l'année 1610. & après à celle de Monsieur le Cardinal Barberin en l'année 1625. suivant les Mandemens à eux envoyez par lesdits Sieurs Prevôt des Marchands & Eschevins de l'Ordre du feu Roy Henry IV. & même que depuis ils ayent été confirmez par Lettres Patentes de Sa Majesté du mois d'Août 1647. pour jouir de tous les honneurs & Privileges dont jouissent les six autres Corps des Marchands de Paris, & assister en leur rang aux Ceremonies & Entrées des Rois & des Reines & autres, comme ils ont fait en consequence, tant à l'Entrée de la Reine de Suede qui se fit le 8. Septembre 1656. qu'en celle de la Reine presente qui se fit en l'année 1660. Neanmoins en l'occasion presente de l'Entrée qui se doit faire du Legat, ayant apris

qu'elle se devoit faire cette semaine ou la prochaine, & que
l'ordre avoit eté donné à tous ceux qui y doivent assister, fors
qu'audit Corps & Communauté desdits Marchands de Vins,
ils se feroient depuis quelques jours en-çà adressez à Monsieur Voisin Prevôt des Marchands, & l'auroient requis de
leur donner l'ordre & mandement pour assister à la Ceremonie
de ladite Entrée ; ce qu'il leur auroit refusé, disant n'avoir
eu aucune charge de ce faire : & comme ils jugent que ledit
refus procede par la brigue & empêchement des six autres
Corps leurs Parties adverses, attendu qu'ils ont toûjours fait
leur possible pour les troubler & empêcher en la possession
& jouissance des honneurs & Privileges à eux accordez par
Sa Majesté & ses prédecesseurs, & d'ailleurs que le tems est
trop bref pour pouvoir faire vuider ledit empêchement, &
avoir les Arrêt & Ordre pour ce nécessaires : c'est pourquoi ils
déclarent que le sujet pour lequel ils s'abstiendront d'assister
à ladite Ceremonie présente pour l'Entrée dudit Legat, n'est
que pour ne point apporter aucun trouble entr'eux & lesdits
six Corps en la marche d'icelle Ceremonie, & sans tirer à
conséquence & s'en pouvoir par lesdits six Corps se prévaloir
allencontre d'eux à l'avenir, & aux protestations qu'ils font
que cela ne leur pourra nuire ni préjudicier à leurs droits &
Privileges, & de se pourvoir & s'en plaindre par tout où besoin sera, pour être maintenus & gardés en la possession & jouissance de leursdits Privileges, dont & de tout ce que dessus
lesdits Comparans ont requis Acte ausdits Notaires soussignez, qui leur ont octroyé & délivré le present en l'Etude de
de Saint-Jean l'un des Notaires soussignez, pour leur servir &
valoir en tems & lieu, ainsi que de raison : Ce fut ainsi fait,
dit, déclaré, protesté, requis & octroyé par lesdits Notaires
soussignez, l'an mil six cens soixante-quatre, le vingt-troisiéme
jour de Juillet avant midy, & ont signé la minute des Presentes demeurée audit de Saint-Jean Notaire.

J'Ay Nicolas Jeannin de Castille, Conseiller du Roy en son
Conseil d'Etat, & Trésorier de son Epargne : Confesse
avoir reçu comptant en la Ville de Paris, du Corps & Com-

nauté de la Marchandise de Vins à Paris, par les mains de
Martin Charon, Nicolas Poitevin, Leonard Compagnot &
Jean Perier, Maîtres & Gardes dudit Corps & Communauté,
la somme de quarante mille livres en pieces de vingt sols,
cinquante-huit sols & monoye, pour le sort principal de trois
mille trois cens trente-trois livres six sols huit deniers de rente,
à raison du denier douze, qui leur seront vendues & constituées par Messieurs les Prevôt des Manchands & Eschevins
de ladite Ville de Paris, sur le million de livres de rente à eux
nouvellement alienez par Sa Majesté, en consequence de son
Edit du mois de Septembre 1644. verifié où besoin a été, à
prendre sur les quatre livres distraits des droits d'Entrée qui
se levent sur le vin à Paris, pour jouir par ledit Corps & Communauté desdits trois mille trois cens trente-trois livres six
sols huit deniers de rente, sans aucun retranchement d'arrerages, à faute de rachapt perpetuel ; ainsi qu'il sera plus au
long contenu & declaré par le Contract de Constitution qui
leur sera expedié de ladite rente par lesdits Sieurs Prevôt des
Marchands & Eschevins, conformément audit Edit, ladite
somme de quarante mille livres à moi ordonnée par Sa Majesté pour convertir & employer au fait de mondit Office,
de laquelle je me tiens comptant, bien payé, en quitte ledit
Corps & Communauté, & tous autres, témoin mon seing
manuel cy mis. A Paris le vingt-sixiéme jour de Juillet mil six
cens quarante-sept. Quittance du Tresorier de l'Epargne année mil six cens quarante-cinq. Signé, JEANNIN DE CASTILLE.

LOUIS, par la grace de Dieu, Roy de France & de
Navarre : A tous presens & à venir, SALUT. Nos chers
& bien amez les Marchands de Vin en gros & détail, Hôteliers Cabaretiers, Bourgeois de notre bonne Ville, Fauxbourgs & Banlieue de Paris : NOUS ont fait remontrer que
le feu Roy Henry III. par ses Lettres Patentes du mois de
Décembre l'an 1585. verifiées en notre Cour de Parlement,
le 28. Juin de l'année 1587. les ayant pour le bien & utilité
publique, entretenement & negociation du trafic de la marchandise de Vin, érigée en Corps & Communauté, avec faculté

d'élire de deux en deux ans quatre des principaux & plus quali-
fiez d'entr'eux, à la Charge de Maîtres & Gardes pour faire
les visites sur tous les autres Marchands de leur Corps ; ce qui
étoit plûtôt une confirmation des autres droits, dont ils peuvent dire avec verité, qu'ils étoient en possession des plusieurs
siécles auparavant, qu'une nouvelle érection & attribution
desdits droits, en consequence desquels il leur auroit par ses
Lettres du mois d'Octobre 1587. aussi verifiées en notre Cour
de Parlement, accordé & octroyé les Statuts, Reglemens &
Ordonnances necessaires pour la conservation de l'exercice &
Police de leur trafic, depuis lequel tems ils ont toûjours été
reconnus comme l'un des Corps des plus considerables, tant
pour le nombre de personnes qui composent ledit Corps, que
pour les grandes sommes de deniers dont ils ont secouru les
Rois nos predecesseurs, & Nous à present dans les urgentes
affaires de l'Etat, & ont traité toutes leurs affaires en la
même forme & maniere que les autres anciens Corps ; en cette
qualité ils ont reçû les Ordres & les Mandemens des Prevôt
des Marchands & Eschevins, pour assister aux Assemblées &
Ceremonies plus importantes, & entr'autres à l'Entrée pré-
parée au Sacre & Couronnement de la défunte Reine notre
Ayeule de très heureuse memoire, avec les habits qui leur
auroient été prescrits par lesdits Prevôt des Marchands & Eschevins pour prendre leur rang & marcher avec les autres
Corps des Marchands, selon qu'il leur seroit ordonné ; ils ont

Comme les Gardes ont assisté à la Ceremonie, au préjudice de l'opposition des six Corps.

reçû un même Ordre & Mandement de la part desdits Prevôt
des Marchands & Eschevins de cette Ville de Paris, pour assister à la reception & Entrée de notre Cousin le Cardinal
Barberin Legat du Saint Pere, à l'execution duquel y ayant eu
opposition formée par les six autres Corps des Marchands de
cette Ville, lesdits Prevôt des Marchands & Eschevins auxquels
ladite opposition auroit été renvoyée par Arrêt de notre Parlement, auroient ordonné que leur Mandement seroit executé,
nonobstant oppositions ou appellations quelconques. Ensuite
de laquelle Ordonnance les Supplians ont rendu à ladite
Ceremonie l'assistance à laquelle ils étoient obligez, & pour
marque & approbation de leur Corps & Communauté, lesdits

dits Prevôt des Marchands & Efchevins leur ont baillé des
Armoiries peintes & azurées ainfi qu'aux autres Corps, pour
s'en fervir aux occafions néceffaires, ce qui eft confiderable ;
& lors de la convocation des trois Etats de ce Royaume, le
Sieur Miron, Prefident aux Enquêtes en notre Parlement
de Paris, & Prevôt des Marchands, ayant été député par
le Corps de notredite Ville, a envoyé fes Ordonnances à tous
les Corps des Marchands pour préfenter leurs cahiers, il leur
auroit envoyé une même Ordonnance le 23. Juillet 1614. fuivant laquelle ils firent foigneufement rédiger les Articles qu'ils
eftimoient néceffaires pour le bien public, le foulagement du
Peuple & le bien de la negociation. En cette même qualité,
en même tems de la création des Juges-Confuls, ceux de leur
Corps ont été appellez au Confulat, & y en a grand nombre
qui ont rempli la Charge avec fuffifance, grande probité,
même à l'Efchevinage, dont les Regiftres de la Maifon-Con-
fulaire & de l'Hôtel de Ville, où font les noms tranfcrits, en
font mention en tous les Arrêts, tant de notre Confeil que de
notre Parlement de Paris, Chambre des Comptes & Cour
des Aydes. Leurs Gardes ont été inftituez Maîtres & Gardes
du Corps & Communauté des Marchands de Vin, qui eft la
principale marque des Corps & Communautez légitimement
établies en cette Ville de Paris : Et quand notredit Parlement
a voulu inftruire fa religion pour quelque fait important, il a
appellé leurs Gardes conjointement avec les Gardes des autres Corps & Communautez, & leur a donné la qualité de feptiéme Corps en cette Ville de Paris, toutes les Lettres de nos
prédeceffeurs portant Confirmation de leurs Privileges, leur
ont été accordées & verifiées avec les mêmes Titres de Corps
& Communauté ; ils ont leur Chambre & Bureau où ils ont
leurs Affemblées ; les Maîtres & Gardes font leurs vifites fur
tous ceux de leurs Corps, & veillent avec foin à la conferva-
tion de leurs Statuts. En l'année 1615. le Commis au recouvrement des deniers du droit de Confirmation dû au défunt
Roy Louis XIII. d'heureufe memoire notre très-honoré Seigneur & Pere, ayant fait commandement à plufieurs particuliers de leur Corps & Communauté, de payer les fommes auf-

Comme les Gardes ont été admis au Confulat & à l'Efchevinage.

Comme on eft reputé feptiéme Corps.

G

quelles il les avoit fait taxer, Sa Majesté par Arrêt de son Conseil du 29. May de l'année 1615. fit défenses de lever lesdites taxes comme préjudiciables àleur érection, & ordonna qu'ils seroient cottisez en Corps, à la somme de dix mille livres, laquelle feroit distribuée sur tous les particuliers, par le Lieutenant Civil, par l'avis des Maîtres & Gardes & des anciens Marchands de leurs Corps & Communauté, & ensuite lors de la réduction de la Ville de Corbie, ils ont contribué pour le secours de nos affaires, la somme de huit mille livres ; & pour l'Advenement à notre Couronne, ils ont été taxez en la même qualité de Corps & Communauté, à la somme de quarante mille livres ; & bien qu'il ne se puisse rien désirer pour la perfection de leur établissement, puisqu'il est conforme à celuy des autres Corps & Communautez de cette Ville de Paris, qui tiennent tous les érections & leurs institutions de notre Autorité & de celle de nos prédecesseurs, que leur érection en Corps soit très-importante au Public pour la conséquence de leur négoce & le grand nombre de personnes, dont leur Corps est composé, qui ne peut être bien policé que par les soins des Maîtres & Gardes, neanmoins ils y sont toûjours traversez par les six Corps de cette même Ville de Paris, lesquels lors de l'Entrée de ladite défunte Reine notre ayeule, leur contesterent l'honneur de participer à porter le Dais ; & l'occasion qui étoit pressante, n'ayant pas permis d'examiner tous leurs droits & leurs titres, donna lieu audit Arrest de notre Conseil, par lequel il fut ordonné qu'ils s'abstiendroient de porter ledit Dais, jusqu'à ce qu'autrement il en eût été ordonné. Les mêmes six Corps formerent des

Opposition des six Corps à toutes les Lettres des Marchands de Vin.

oppositions à toutes les Lettres que les Supplians obtinrent pour la confirmation de leurs Privileges : ce qui a donné lieu à nombre d'Instances qui sont encore pendantes en notredit Parlement de Paris ; même ils font nombre d'Assemblées publiques, comme à l'Election des Consuls, sans y appeller les Maîtres & Gardes, & par ce moyen sont refusans de les reconnoître l'un des Corps des Marchands de cette Ville ; ce qui leur cause de grands & notables préjudices, & les privent de la meilleure partie de la grace & des principaux ef-

fets de leurdite érection & notre intention : Requerant qu'il
Nous plaise leur pourvoir. A CES CAUSES, sçavoir
faisons ; Quayant fait voir à notre Conseil lesdites Lettres
Patentes d'érection des Supplians en Corps & Communauté,
leurs Articles & Statuts, les Arrests de verification, les Titres
de Confirmation des Rois nos prédecesseurs, & inclinant
liberalement à l'humble Requête des Supplians, que Nous
desirans bien & favorablement traiter pour le secours nouveau qu'ils font à nos presentes affaires, que pour autres causes
& considerations à ce Nous mouvans, leur avons confirmé
& continué, & par la teneur des Presentes, de notre certaine
science, pleine puissance & autorité Royale, confirmons &
continuons leursdites Lettres d'Erection, Articles & Statuts,
que Nous voulons être gardez & observez de point en point
selon leur forme & teneur nonobstant toutes les oppositions
& empêchemens qui y peuvent avoir été formez, que Nous
avons levez & ôtez ; Voulans d'abondant qu'ils soient reconnus en qualité de l'un des Corps & Communautez de cette
Ville de Paris, qu'ils jouissent de tous les honneurs & Privileges dont jouissent les autres Corps des Marchands ; qu'ils
soient appellez à l'Entree des Rois & Reines pour y avoir
leur rang, porter le Dais & avoir part à toutes les autrres Ceremonies comme les autres Corps des Marchands ; qu'ils soient
pareillement appellez aux Assemblées pour la nomination
des Juges-Consuls, & à toutes autres Assemblées publiques
& particulieres : Enjoignons aux Prevôt des Marchands &
Eschevins, leur adresser leurs Ordonnances & Mandemens,
comme aux autres Corps, en toutes les occasions qui le requierent, & ausdits six Corps de notredite Ville de Paris de
faire appeller à toutes les Assemblées publiques, soit pour
l'élection des Juges-Consuls & autres, les Maîtres & Gardes
de la Marchandise de Vin, à peine de nullité desdites Assemblées : Si donnons en mandement à nos amez & feaux Conseillers, les Gens tenans notre Cour de Parlement de Paris,
Prevôt dudit lieu ou son Lieutenant, & à tous autres nos Justiciers & Officiers qu'il appartiendra, que ces Presentes ils
fassent lire, publier & enregistrer, & du contenu en icelles,

*Main levée de
l'opposition des
six Corps &
comme le Roy
veut qu'ils
soient mandez
aux Assemblées
pour la nomina-
tion des Juges-
Consuls.*

G iij

ensemble desdits Privileges, Statuts & Arrêts de notredit
Conseil d'Etat, ils fassent, souffrent & laissent lesdits Supplians jouir & user pleinement & paisiblement, cessant &
faisant cesser tous troubles & empêchemens au contraire :
CAR tel est notre plaisir : & afin que ce soit chose ferme &
stable à toûjours, Nous avons fait mettre notre scel à cesdites
Présentes, sauf en autres choses notre droit & l'autruy en
toutes. DONNE' à Paris au mois d'Août, l'an de grace mil
six cent quarante sept, & de notre Regne le cinquiéme. Signé,
LOUIS : Et à côté est écrit : Registré au Greffe des Expeditions de la Chancellerie de France, le dix-septiéme Juillet
mil six cens quarante-sept. Signé LE BRUN. & sur le reply, par
le Roy, la Reine Regente sa Mere présente. Signé, PHELY-
PEAUX. Et scellé du grand Sceau de cire verte

Confirmation des nouveaux Statuts des Mar-
chands de Vins de Paris.

LOUIS, par la grace de Dieu, Roy de France & de Navarre : A tous présens & à venir, SALUT. Nos chers &
bien-amez les Maîtres & Gardes du Corps & Communauté
des Marchands de Vins, tant en gros qu'en détail, Hôteliers & Cabaretiers de notre bonne Ville, Fauxbourgs de
Paris, Nous ont fait remontrer qu'ils nous auroient cy-devant présenté les Articles, Statuts & Reglemens par eux
dressez, pour éviter aux abus & malversations qui se commettent par aucunes personnes qui s'ingerent d'exercer &
faire trafic de ladite Marchandise de Vins, sans avoir aucune
connoissance ni experience d'icelle, lesquels Articles, Statuts & Reglemens Nous aurions par nos Lettres Patentes du
quinziéme Juillet dernier, renvoyé à notre amé & feal Conseiller en nos Conseils, le sieur d'Aubray Lieutenant Civil en
notredite Ville, Prévôté & Vicomté de Paris, & à notre
Procureur au Chastelet de ladite Ville, afin de Nous donner

1647.

eur avis sur la commodité ou incommodité que le Public peut recevoir de l'execution & observation desdits Statuts & Reglemens : Ensuite duquel renvoy ledit sieur d'Aubray avec notredit Procureur au Chastelet, ayant veu dûement & diligemment examiné lesdits Statuts & Reglemens, ils Nous auroient le dix-neuviéme dudit mois de Juillet, envoyé leur avis, & assuré que Nous pouvons accorder & homologuer lesdits Statuts & Reglemens, pour être iceux executez selon leur forme & teneur, au moyen de quoy, lesdits Maîtres & Gardes du Corps & Communauté desdits Marchands de Vins, Nous ont très-humblement supplié de vouloir confirmer & homologuer lesdits Statuts & Reglemens pour jouir du contenu d'iceux pleinement & paisiblement, & à ces fins leur octroyer nos Lettres sur ce necessaires. A CES CAUSES, desirant favorablement traiter lesdits Maîtres & Gardes du Corps & Communauté desdits Marchands de Vins, tant en gros qu'en détail, Hôteliers & Cabaretiers de notredite Ville & Fauxbourgs de Paris : Et voulant faire cesser les abus qui se sont glissez dans le commerce, trafic & vente de ladite Marchandise de Vins, après avoir fait voir en notre Conseil lesdits Articles, Statuts & Reglemens, ensemble l'avis sur iceux à Nous envoyé par nosdits Lieutenant Civil & Procureur audit Chastelet de Paris, le tout cy-attaché sous le contre-scel de notre Chancellerie : Avons de l'avis de notredit Conseil, & de notre grace speciale, pleine puissance & autorité Royale, iceux Articles, Statuts & Reglemens, louez, agreez, approuvez, confirmez & homologuez, & par ces Presentes louons, agréons, approuvons, confirmons & homologuons, Voulons & Nous plaist qu'ils soient à l'avenir inviolablement gardez, entretenus, observez & executez de point en point, selon leur forme & teneur, par lesdits Marchands de Vin, tant en gros qu'en détail, Hôteliers & Cabaretiers de notredite Ville & Fauxbourgs de Paris, & leurs successeurs ausdits Etats, sans qu'il y soit contrevenu en quelque sorte & maniere que ce soit, sur les peines y contenues. SI DONNONS en mandement à nos amez & feaux Conseillers, les Gens tenans notre Cour de Parlement à Paris, Cour des Aydes, Prevôt dudit lieu, ou

fondit Lieutenant Civil, Prevôt des Marchands de notredite
Ville de Paris, & à tous nos autres Justiciers Officiers, qu'i
appartiendra, qu'ils ayent à proceder à la verification desdits
Articles, Statuts & Reglemens, & du contenu en iceux & ès
Presentes, faire jouir & user pleinement, paisiblement & per-
petuellement lesdits Marchands de Vins, tant en gros qu'en
détail, Hôteliers & Cabaretiers de notredite Ville & Fauxbourgs de Paris, contraignant à ce faire souffrir & obéir tous
ceux qu'il appartiendra, & qui pour ce faire seront à contraindre par toutes voyes dues & raisonnables, CAR tel est notre
plaisir : Et afin que ce soit chose ferme & stable à toûjours,
Nous avons fait mettre notre Scel à cesdites Presentes, sauf
en autres choses notre droit & l'autruy en toutes. DONNE' à
Paris au mois d'Août, l'an de grace mil six cens quarante-
sept, & de notre Regne le cinquiéme. Signé LOUIS : Et sur
le reply, par le Roy, la Reine Regente sa Mere presente. Signé, PHELYPEAUX. Et scellé de cire verte

*Registré au Greffe des Expeditions de la Chancellerie de France,
le septiéme Août mil six cens quarante-sept. Signé LE BRUN.*

*Les Presentes Lettres ont été lûes, publiées & enregistrées au
Registre de l'Audience de la Chambre de Monsieur le Procureur
du Roy au Châtelet de Paris, icelle tenante, le onziéme Février mil
six cens soixante-trois, par Nous Armand Jean de Ryans, Chevalier, Baron de Riveray, la Galisiere & autres lieux, Conseiller
du Roy en ses Conseils, & son Procureur au Châtelet, Premier Juge
Conservateur des Corps des Marchands, Arts & Métiers, Maî-
trises & Jurandes de cette Ville, Fauxbourgs & Banlieue, ce requerant Hargenvillier Procureur des Maîtres & Gardes du Corps
& Communauté des Marchands de Vins de cette Ville, Fauxbourgs & Banlieue, pour leur servir & valoir ce que de raison.
Signé, GALOINE.*

*Registrées, oüy le Procureur Général du Roy, pour être executées
& jouir par les Impetrans de l'effet & contenu en icelles, selon leur
forme & teneur. A Paris en Parlement, le neuviéme jour d'Août
mil six cens soixante-un. Signé, DUTILLET.*

STATUTS
ET REGLEMENS

FAITS ET DRESSEZ PAR LES MAISTRES
& Gardes du Corps & Communauté des Marchands de
Vins, tant en gros qu'en détail, Hôteliers & Cabaretiers
de la Ville, Fauxbourgs & Banlieue de Paris, résolus dans
leur Assemblée, pour estre gardez & observez par chacun
desdits Marchands de Vins, sur les peines contenues ausdits
Reglemens ; lesquels lesdits Maistres & Gardes supplient
très-humblement Sa Majesté de confirmer & approuver,
afin qu'il n'y soit contrevenu, le tout pour le bien des Sujets
de Sa Majesté & utilité publique, entretenement & négo-
ciation de ladite Marchandise de Vins.

PREMIEREMENT.

POUR éviter aux abus & malversations qui se commettent par aucuns qui s'ingerent & entreprennent de faire
ladite Marchandise de Vins sans aucune capacité au negoce
& trafic d'icelle Marchandise, qui requiert une grande &
longue experience pour s'y bien connoître, & distinguer la
difference des goûts qu'il y a à cause des Vins qui se tirent
de diverses contrées & plusieurs Provinces ; ce qui est gran-
dement considerable & necessaire d'empêcher qu'aucune personne y soit admis, & particulierement ceux qui vendent par
occasion & selon l'occurrence des tems, Bierre, Cidre, Poiré,
Graisse, Huile & autres choses mal seantes & incompatibles
avec ladite Marchandise de Vins, & qui est important audit

negoce & préjudiciable au corps humain & au Public, & contre les Ordonnances, Reglemens & Statuts d'icelle Marchandise exercée par l'un des principaux Corps & Communautez de notredite Ville de Paris, tant à cause du grand nombre de personnes qui composent ledit Corps, que pour l'utilité & commodité que le Public en reçoit : & comme par la suite des années ces abus, malversations & corruptions se sont glissées par aucuns Marchands faisant ledit trafic, par la négligence ou connivence de ceux qui ont été cy-devant pourvûs aux Charges de Gardes ; à quoi il est besoin de remedier, c'est pourquoi pour éviter ausdits abus & malversations qui se pourroient commettre à l'avenir, nul n'y pourra être reçu qu'en présence des quatre Gardes en Charge, & deux Anciens qui seront élûs à l'instant de l'election des deux nouveaux Gardes pour assister à ladite reception, & voir s'il est capable d'exercer ladite Marchandise, & pour cet effet s'assembleront dans leur Bureau tous les jours de Mardis, neuf heures du matin de chaque semaine, pour proposer & résoudre toutes sortes d'affaires qui se présenteront concernant le fait de ladite Marchandise de Vins.

II.

Que lesdits Marchands de Vins, tant en gros qu'en détail, Hôteliers & Cabaretiers de cette Ville, Fauxbourgs & Banlieue de Paris, sont & demeureront à l'avenir, comme ils ont été jusqu'à present, unis & incorporez en un seul & même Corps & Communauté, régis & gouvernez sous mêmes Loix, Statuts & Ordonnances, & par mêmes Gardes qui seront par eux élûs en la forme cy-après déclarée, sans qu'à l'avenir ils se puissent séparer les uns des autres, pour quelque cause & occasion que ce soit.

III.

Que pour le bien & utilité publique dudit Corps & Communauté, direction & administration des affaires d'icelle, entretenement, execution desdits Statuts & Ordonnances, demeureront quatre Maîtres & Gardes en Charge, ainsi qu'ils ont toûjours été depuis le tems de leur érection, lesquels seront nommez & élûs en la forme & maniere cy-après déclarée.

IV.

IV.

Que lesdits quatre Maîtres & Gardes qui sont & seront cy-
après en Charge pour éviter à toute confusion & désordre,
à cause de la quantité de Marchands qu'il y a audit Corps,
feront à l'avenir comme ils ont fait cy-devant de l'Ordonnance de notre Lieutenant Civil, appeller tous les anciens
Gardes, avec soixante autres Marchands dudit Corps &
Communauté, tant anciens que modernes, pour comparoir
en son Hôtel ou à leur Bureau, en présence de notre Procureur au Chastelet, sur la fin du mois d'Août ou environ; &
après avoir fait le serment en la forme & maniere accoûtumée, seront appellez selon leur rang les uns après les autres,
pour élire & donner leurs suffrages à deux anciens Marchands
de bonnes vie, mœurs & probité reconnue, pour entrer en
ladite Charge de Gardes, & en faire l'exercice & fonction
durant le tems & espace de deux années consecutives, au lieu
& place des deux anciens qui en sortiront tous les ans au jour
de la Saint Remy ensuivant; lesquels Gardes nouveaux élûs
feront le serment accoûtumé pardevant notredit Lieutenant
Civil & notredit Procureur, de bien faire & exercer ladite
Charge en leur conscience, garder & observer exactement les
Visites tant generales que particulieres, laquelle Charge après
qu'ils y auront été élus, comme est dit cy-dessus, ne pourront
refuser de l'accepter, pour quelque cause & occasion que ce soit.

V.

Que tous les Marchands dudit Corps & Communauté
qui seront düement avertis pour assister & se trouver à ladite Election, y seront obligez sur peine contre chacun des
absens & défaillans de quatre livres parisis d'amende, moitié
applicable aux Pauvres, & l'autre moitié à leur Chapelle &
du Service Divin qui s'y fait, sinon en cas de maladie ou
legitime empêchement.

V I.

Que lesdits soixante Marchands qui auront assisté à la derniere Election, ne seront mandez ni ne pourront assister en

une autre suivante que deux années après passées & expirées; & pour y obſerver un bon ordre à l'avenir, en ſera fait Regiſtre qui demeurera dans leur Bureau , où ſeront écrits leurs noms d'année à autre.

VII.

Que tous ceux qui font à préſent état & trafic de ladite Marchandiſe de Vins en cette Ville, Fauxbourgs & Banlieue de Paris , & qui ont prêté le ſerment pardevant notredit Procureur au Chaſtelet , & reçûs & pourvûs de Lettres par les Gardes cy-devant en Charge, ſeront reconnus & déclarez pour Marchands de Vins , & comme tels incorporez audit Corps & Communauté , pourvû qu'ils ne dérogent à l'avenir aux Statuts & Ordonnances de ladite Marchandiſe.

VIII.

Pour les Apprentiſſages. Que nul ne pourra être reçû cy-après pour faire état & trafic de ladite Marchandiſe dans la Ville , Fauxbourgs & Banlieue de Paris, qu'il n'ait fait apprentiſſage durant le tems & eſpace de quatre années conſecutives ſous l'un des Marchands dudit Corps & Communauté, ou bien qu'il fût Fils de Marchand né en loyal mariage , & capable d'exercer ladite Marchandiſe , conformément à l'article II. des anciens Statuts ; & encore ledit Apprentif, outre les quatre années de ſondit apprentiſſage, ſera tenu ſervir deux ans après ſondit Maître ou autre Marchand dudit Corps, avant que d'être admis & reçeu en qualité de Marchand pour faire état & trafic de ladite Marchandiſe.

IX.

Qu'auparavant de proceder à la reception d'aucuns Marchands pour faire trafic de ladite Marchandiſe de Vins, leſdits Gardes ſeront tenus s'enquerir diligemment des bonnes vie, mœurs & religion de celui qui demandera à être reçû , afin que s'il ſe trouve n'être de la Religion Catholique, Apoſtolique & Romaine , ou qu'il fût diffamé de quelque vice notable dont il pût ençourir notre d'infamie , en avertir notredit Procureur au Chastelet, le débouter & rejetter de ladite Marchandise, conformément à l'article III. des anciens Statuts.

X.

Et au cas que celui qui se présentera pour être reçû & admis à ladite Marchandise de Vins, soit trouvé suffisant & capable, & de la qualité requise, lesdits Gardes le présenteront à notredit Procureur pour lui faire faire le serment, & le faire enregistrer en la maniere accoûtumée.

XI.

Pareillement ne pourront aucuns desdits Marchands de Vins, tel qu'il puisse être, exercer avec ledit trafic aucun Office de Vendeur de Vin, de Courtiers, Jaugeurs, Tonneliers, Déchargeurs & autres qui sont incompatibles avec ladite Marchandise, & défendus par les Ordonnances, conformément à l'article V. des anciens Statuts.

XII.

Que tous ceux qui font à présent état & trafic de ladite Marchandise de Vins, & qui font exercer d'autres Métiers & Vacations, seront tenus d'opter dans six semaines après qu'ils en auront été dûement advertis par lesdits Gardes, sur peine de confiscation du vin qui se trouvera à eux appartenir, & de telle amende qu'il plaira à Justice ordonner.

XIII.

Que nul ne pourra être reçû audit état & Marchandise, s'il n'est originaire François, ou bien qu'il n'ait obtenu de Nous Lettres de Naturalité, dûement vérifiées où besoin sera.

XIV.

Seront faites défenses à tous Marchands dudit Corps & Communauté, soustraire les Apprentifs ou Serviteurs les uns des autres pour les retenir à leur service, si ce n'est du consentement des Maitres qu'ils auront les derniers servis, ou que par Justice il le fût permis.

XV.

Comme auſſi ne pourront employer & retenir à leurdit ſervice les ſerviteurs qui ſe ſeront départis du ſervice d'autres
Marchands, pour larcin ou autre cas digne de punition, premierement que leſdits Serviteurs n'ayent été purgez des cas
à eux impoſez, ainſi qu'il eſt porté par l'article VII. des anciens Statuts.

XVI.

Que les Veuves deſdits Marchands de Vins, tant en gros
qu'en détail, Hôteliers & Cabaretiers, durant le tems qu'elles
demeureront en viduité, jouiront de pareils Privileges que
leur defunt Maris, & ſi elles ſe remarient en ſecondes nôces, ou qu'elles ſoient convaincues d'avoir fait faute en leur
veuvage, elles perdront leurs Privileges, & ne pourront s'entremettre de faire ladite Marchandiſe, conformément au
VIII. article des anciens Statuts.

XVII.

Que leſdites Veuves pourront, & leur ſera permis de faire
parachever aux Serviteurs & Apprentifs qui auront été obligez à leurs défunts Maris, leur tems & ſervice ſous elles,
pourvû qu'elles continuent le même trafic, & qu'elles ne ſe
remarient à d'autres Marchands de Vins, autrement elles
ſeront tenues remettre leſdits Serviteurs ès mains des Maîtres
& Gardes en Charge, pour leur pourvoir d'autres Maîtres
avec leſquels ils parachevront le tems de leurs ſervices; &
ne pourront auſſi leſdites Veuves, encore qu'elles continuent ledit trafic de Marchandiſe de Vins, prendre ou faire
obliger aucuns Apprentifs nouveaux, mais ſeulement avoir
des Serviteurs pour s'en ſervir au fait de Marchandiſe, conformément aux IX. & X. articles des anciens Statuts.

XVIII.

Qu'il ne ſera permis ni loiſible à aucuns deſdits Marchands d'avoir & retenir à leur ſervice qu'un Apprentif en
même tems, ou deux au plus, ſinon qu'étant ſur la fin de leur

apprentiſſage, il pourra en prendre & faire obliger un autre pour être inſtruit & conduit au fait de ladite Marchandiſe ; & en cas que l'un ou l'autre deſdits Apprentifs s'enfuye ou s'abſente du logis & ſervice de ſondit Maître avant que le tems de ſon apprentiſſage ſoit parachevé, en ce cas ledit Maître ſera tenu de faire ſon poſſible pour le trouver, & s'il ne veut faire & parachever ſon tems d'apprentiſſage, le fera renoncer audit état & marchandiſe ; & pour ce faire le conduira au Bureau dudit Corps & Communauté, pardevant les Maîtres & Gardes en Charge, pour en être fait Regiſtre & décharger ſon Brevet d'apprentiſſage dans la quinzaine ſur le Regiſtre des Apprentifs de ladite Marchandiſe de Vins, où ſont enregiſtrez leſdits Brevets, pour éviter & empêcher les abus qui s'y pourroient commettre.

X I X.

Que leſdits Marchands, quinze jours après qu'ils auront fait obliger leur Apprentifs, ſeront tenus de les faire enregiſtrer en la Chambre de notredit Procureur au Châtelet, aſſiſté de l'un des Gardes de ladite Marchandiſe, & payeront leſdits Maîtres pour l'enregiſtrement de chacun deſdits Apprentifs, la ſomme de douze ſols pariſis, ſur peine contre les contrevenans à ce préſent Article, & qui n'y auront ſatisfait dans le tems, de payer quatre livres pariſis d'amende, applicable moitié aux pauvres, l'autre moitéà l'entretenement de leur Chapelle & Service Divin qui s'y célebre durant l'année.

X X.

Ne pourront leſdits Maîtres tranſporter leſdits apprentifs les uns aux autres, ſans avertir les Gardes en Charge, leſquels ſeront tenus d'en faire Regiſtre pour éviter aux abus qui ſe pourroient commettre, ſur peine auſſi contre les contrevenans de quatre livres pariſis d'amende, applicable comme deſſus, conformément au XIII. Article des anciens Statuts.

X X I.

Qu'il ne ſera loiſible ni permis à tous ceux qui auront été reçûs Marchands audit Corps & Communauté, & qui font trafic de ladite Marchandise de vin, de vendre ni débiter en détail dans leurs maisons, boutiques, caves ou celliers, aucune Bierre, Cidre, Poiré, Eau-de-vie & autres liqueurs & breuvages qui font incompatibles avec le Vin, fur peine de confiscation & de telle amende qu'il plaira à Justice ordonner : Et enjoint aufdits Gardes préfens & à venir, d'y tenir la main, & en cas de contravention, faire fermer lefdites maisons, caves & celliers, & abattre les bouchons, & pour ce faire se feront assister d'un Commissaire ou Sergent du Châtelet, pour leur prêter main-forte si besoin est, & en faire un bon & fidele rapport pardevant notredit Lieutenant Civil & notredit Procureur audit Châtelet, pour en juger ainfi qu'il avifera être à faire par Justice.

XXII.

Que nul Hôtelier ni Cabaretier, ne pourra vendre ni donner à manger en fa maison aucune viande durant le faint tems de Carême, & autres jours de l'année défendus par notre Mere fainte Eglife.

XXIII.

Que nul Marchand en détail ni Cabaretier, ne donneront à boire ni à manger à aucuns Habitans de la Ville de Paris, les jours de Dimanches & Fêtes folemnelles durant le Service Divin, fuivant & conformément aux Ordonnances & Reglemens de Police.

XXIV.

Pour diftinguer les Hôteliers & Cabaretiers des Marchands de vin en gros & en détail, nul ne fera tenu ni réputé pour Hôtelier ni Cabaretier, s'il ne fert à table couverte de nappe & affiette deffus pour mettre de la viande.

XXV.

Que pour faciliter le trafic & donner moyen aux pauvres & médiocres Marchands dudit Corps & Communauté de gagner leur vie, qu'à l'avenir il ne fera loifible ni permis à aucuns Marchands dudit Corps, tel qu'il puiffe être, de tenir

ni faire ouvrir dans la Ville & Fauxbourgs de Paris , qu'une
cave ouverte, pour y faire vendre Vin en détail, sinon en cas
de nécessité & qu'il soit trop chargé de Vin , en avertiront
les Gardes en Charge , pour obtenir d'eux la permission d'en
ouvrir une autre, & qu'ils permettront s'ils jugent qu'il soit
expédient & raisonnable, & ce en consideration que la Marchandise de Vin n'est pas de garde & beaucoup plus périssa-
ble que celle des autres Marchands, ausquels il n'est permis
de tenir qu'une Boutique ouverte.

XXVI.

Ne pourront lesdits Marchands, outre les deux Tavernes
qui leur seront permises, en faire ouvrir d'autres pour y vendre vin en détail dans la Ville ny Fauxbourgs, sous aucuns
noms supposez ny empruntez, & pour quelque occasion ou
autre prétexte que ce puisse être , sur peine contre les con-
venans d'être déchûs des Privileges de ladite Marchandise de
Vins, confiscation des Marchandises, & telle amende qu'il
plaira à Justice ordonner.

XXVII.

Qu'il ne sera loisible ny permis à tous Forains, tel qu'il puisse
être , amenant Vins à Paris, de les faire décharger des Batteaux, ou les laisser sejourner sur terre, ny mettre en caves ,
solles ny celliers, pour les y vendre en gros ou en détail, mais
seront tenus de les laisser sur la vente au vin dans les Batteaux,
ou les faire mener à l'Etappe pour y être vendus en gros au
Public, suivant & conformément aux Arrêts & Ordonnances
de cette Ville de Paris ; & pour éviter aux abus qui s'y pourroient commettre , en cas de contravention, sera permis aux
Gardes de ladite Marchandise faire retirer lesdits vins des
lieux où les contrevenans les auront fait mettre , & les faire
mener à l'Etappe aux frais & dépens de la chose, pour y être
vendus en gros au Public.

XXVIII.

Que pour éviter aux fraudes, abus & malversations qui se
pourroient commettre à ladite Marchandise, il sera permis

La visite chez les Priv. legit. gratis.

ausdits Maîtres & Gardes dudit Corps & Communauté, en
faisant leur visite ordinaire & extraordinaire, d'entrer dans
toutes les caves & celliers où l'on vendra vin en détail dans
la Ville, Fauxbourgs & Banlieue de Paris, tant en celles des
Bourgeois, que Privi'egiez, pour y faire leurs visites, ainsi
que sur les autres Marchands, sans que pour ce il leur soit
permis de prendre aucune chose desdits Bourgeois qui ne
vendront que le vin de leur cru, ny des Privilegiez, mais feront ladite visite *gratis*.

XXIX.

Et d'autant qu'il convient faire plusieurs frais par les Maîtres
& Gardes de ladite Marchandise de Vins pour icelle maintenir, conserver & observer pour les visites ordinaires & extraordinaires qu'il leur convient faire, tant sur les Marchands
dudit Corps & Communauté qu'autres, pour empêcher de
contrevenir aux Ordonnances, & aussi pour subvenir aux frais
des procez & affaires qui surviennent en leur Corps, & ordonné par Sa Majesté, pour satisfaire à une partie desdits frais,
que chacun Marchand qui voudra être reçu payera à sa reception, outre les droits du Roy, la somme d'un écu sol : Et
encore seront tenus chacun desdits Marchands de Vins en
gros & en détail, Hôteliers & Cabaretiers, de bailler & payer
par chacun an ausdits Maîtres & Gardes, la somme de cinquante deux sols pour chacune cave où ils vendront vins en
détail, qui est un sol pour chacune semaine, pour subvenir
aux affaires dudit Corps & Communauté de ladite Marchandise, ainsi qu'il est contenu aux anciens Statuts & Ordonnances, en l'Article XVIII. au payement de laquelle somme de cinquante-deux sols par chacun an, lesdits Marchands
de Vins en gros & en détail, Hôteliers & Cabaretiers, seront
contraints au payement d'icelle par toutes voyes dues & raisonnables.

XXX.

Que desdits quatre Maîtres & Gardes en Charge en sortiront deux par chacun an de ladite Charge, au premier jour
d'Octobre

d'Octobre, & les deux nouveaux élûs entreront en leur place, pour prendre soin & la direction des affaires dudit Corps & Communauté, conjointement avec les deux autres anciens qui seront demeurez.

XXXI.

Que lesdits Maîtres & Gardes pour leurs vacations d'ad-ministrer cette Charge, ne pourront prendre plus grands droits que ce qui a été jugé par les Arrêts de notre Cour de Parlement, aux autres Maîtres & Gardes des autres Mar-chandises de Paris, qui est à la reception des nouvaux Mar-chands, un écu sol à chacun desdits Gardes, excepté les Fils de Maîtres qui ne payeront que demy ecu, ansi qu'il est porté par l'Article XXVI. des anciens Statuts.

Droit des Gardes.

XXXII.

Que tous Marchands qui se feront recevoir, bailleront au Clerc dudit Corps & Communauté desdits Marchands de Vins, la somme de soixante sols tournois, en consideration des services qu'il leur rend journellement, & pour l'occasion-ner de bien & fidelement servir à l'avenir ledit Corps & Communauté, sans diminution des salaires qui luy sont at-tribuez par icelle.

Droit du Clerc

XXXIII.

Que les Gardes dudit Corps & autres anciens Marchands de Vins qui ont passé la Charge de Garde, lorsqu'ils seront appellez & nommez par Justice aux prisées & estimations des vins demeurez après le deces d'aucuns autres Marchands ou autres Bourgeois de la Ville & Fauxbourgs de Paris, ne pour-ront prendre aucune chose pour leurs salaires & vacations, mais les feront gratis.

XXXIV.

Que lorsque lesdits Gardes procederont au fait des visites par la Ville, Fauxbourgs & Banlieue de Paris, ils se pourront faire assister d'un Commissaire ou Sergent du Châtelet, si bon leur semble, pour leur donner confort & ayde, & même si besoin est, faire ouverture & proceder par voye de scellé

Permis de prendre ou de ne pas prendre un Commis-saire dans les Visites.

I

de tous les lieux où ils sçauront ou auront avis qu'il y échet
visite ; il leur sera permis, pour éviter aux malversations &
abus qui se pourroient commettre audit trafic de ladite Marchandise de vin, d'entrer dans toutes les caves & celliers qu'ils
trouveront ouverts, où l'on vendra vin en détail, pour y faire
le devoir de leur Charge, sans que pour ce faire ils soient re-
nus demander Placet ou Pareatis aux Justiciers ou leurs Officiers, parce qu'il est question du fait de Police, dont la connoissance seule appartient à notre Prevôt de Paris, ou son Lieutenant Civil, par devant lequel en sera fait fidele rapport &
pardevant notredit Procureur.

XXXV.

Que toutes les choses dont la connoissance appartient à
notre Prevôt de Paris, ou son Lieutenant Civil, lesdits Gardes ne feront mettre aucuns particuliers en cause que pardevant luy, & semblablement de celles qui appartiennent à
notredit Procureur.

XXXVI.

Que lesdits Gardes ne pourront entreprendre aucun procès,
ni affaire de conséquence où il y aura de l'interêt du Corps
& Communauté de ladite Marchandise de vin, sans y appeller
les autres Gardes, & de prendre avis de ceux qui se trouveront
en l'Assemblée où ils seront mandez.

XXXVII.

Que lesdits Gardes ne pourront admettre ni démettre de leur
plein mouvement aucun Officier dudit Corps, sans le consentement des anciens Gardes, lesquels seront mandez à cette
fin audit Bureau, pour en donner leur avis, comme en toutes autres affaires de conséquence & importantes, ausquelles ils seront
obligez de se trouver audit Bureau, lorsqu'ils en auront été
dûement avertis, à peine de trois livres parisis d'amende contre
les défaillans, s'il n'y a excuse ou légitime empêchement, applicable comme cy-devant ; & qu'à cette fin il y aura un Registre en leur Bureau, où il sera fait mention des propositions

& déliberations qui se feront ausdites assemblées, lesquels
déliberations seront signees sur le Registre par les présens qui
assisteront ausdites Assemblées.

XXXVIII.

Que lesdits Maîtres & Gardes anciens, à la fin des deux années de l'exercice de leur Charge, bailleront les presentes
Ordonnances avec tous les Registres, Titres, Arrêts, Sentences & autres papiers & enseignemens concernant le fait &
trafic de ladite Marchandise de vin, aux deux Gardes qui leur
succederont, avec un ample Inventaire de tous lesdits Registres, Titres, papiers & enseignemens, dont lesdits deux anciens Gardes qui demeureront, seront obligez & contraints à
l'avenir de faire la même chose à ceux qui succederont à leur
Charge, & tous ceux qui les procederont après eux seront tenus de faire la même chose.

XXXIX.

Que lorsque lesdits Gardes seront sortis de Charge, ils seront
tenus & obligez de rendre compte de la recette & dépense
qu'ils auront faite durant le tems de deux années de l'exercice
de ladite Charge dans six mois au plûtard, pardevant six anciens Gardes dudit Corps qui auront rendus leurs comptes, &
les quatre qui seront en Charge, à peine de cinq cens livres
d'amende aux contrevenans, au profit de ladite Communauté, lesquels six Anciens seront élûs & nommez au même tems
& à l'Election des nouveaux Gardes, lesquels préteront le serment pardevant notredit Lieutenant Civil, en la presence de
notredit Procureur au Châtelet, pardevant lesquels lesdits
comptes seront approuvez & homologuez.

XL.

Qu'après que lesdits Gardes anciens auront rendu leurs
comptes en la forme susdite, seront obligez d'en laisser une
copie & pieces justificatives d'icelui, en bonne forme, dans le
Bureau du Corps de ladite Communauté, pour y avoir recours si besoin est, & pour servir d'instruction à ceux qui se-

ront nouveaux élûs en ladite Charge de Garde ; & en cas
que les rendans compte se trouvent reliquataires, ils met-
tront ce qui leur restera en leurs mains en celles desnouveaux
Gardes qui demeureront en leur place, pour subvenir aux affaires dudit Corps, dont ils rendront compte.

FAIT & arrêté entre Nous Maîtres & Gardes dudit
Corps & Communauté desdits Marchands de Vins de la
Ville, Fauxbourgs & Banlieue de Paris, par l'avis des anciens
Gardes, & la plus grande & saine partie desdits Marchands
pour ce assemblez à plusieurs & diverses fois en notredit Bu-
reau & Chambre, ce treiziéme jour de Juillet mil six cens
quarante-sept. Signé en fin, M. CHARRON, POL-
CTEVIN, L. COMPAGNOT & PERRIER.

EXTRAIT DES REGISTRES
de Parlement.

VEU par la Cour les Letres Patentes du Roy données
à Paris au mois d'Août mil six cens quarante-sept. Signées LOUIS : Et sur le repli, par le Roy, la Reine Ré-
gente sa mere présente, PHELYPPEAUX, & scellées du
grand Sceau de cire verte sur doubles lacs de soye rouge &
verte obtenues par les Maîtres & Gardes du Corps & Communauté des Marchands de Vins, tant en gros qu'en détail
Hôteliers & Cabaretiers de cette Ville de Paris, par lesquelles & pour les causes y contenues, ledit Seigneur auroit
loué, agréé, approuvé, confirmé & homologue les Articles,
Statuts & Reglemens par eux dressez : Veut & lui plaît qu'ils
soient à l'avenir inviolablement gardez, entretenus & observez, & exécutez de point en point selon leur forme & teneur, par les Marchands de Vins, tant en gros qu'en détail,
Hôteliers Cabaretiers de ladite Ville de Paris, & leurs successeurs ausdits Etats, sans qu'il y soit contrevenu en quelque
maniere que ce soit, sous les peines y contenues, ainsi qu'il

eſt plus au long porté par leſdites Lettres à la Cour adreſſan-
tes. Requêtes deſdits Maîtres & Gardes afin d'enregiſtrement
deſdites Lettres , ſignée Goriot , Procureur deſdits Impétrans. Conclusions du Procureur Général du Roy ; ouy le
rapport de Maître Etienne Sainctot , Conſeiller du Roy en
ladite Cour : Tout conſideré. LADITE COUR a ordonné & ordonne que leſdites Lettres ſeront regiſtrées au
Greffe de ladite Cour , pour jouir par les Impétrans de l'effet
& contenu en icelles, ſelon leur forme & teneur. FAIT en
Parlement le neuviéme jour d'Août mil ſix cens ſoixante-
un, Collationné. Signé, DU TILLET.

STATUTS

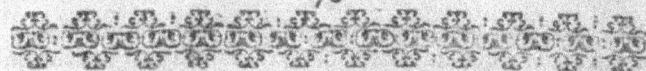

DE LA COMMUNAUTE'
des Marchands de Vin à Paris.

LOUIS PAR LA GRACE DE DIEU, Roy de France & de Navarre : A tous ceux qui ces présentes Lettres verront, SALUT : Les Maîtres & Gardes du Corps des Marchands de Vins de notre bonne Ville de Paris, nous ont très-humblement fait remontrer, que par notre Edit du mois de Mars 1691. ayant créé & érigé en titre d'Offices formez & héréditaires les fonctions des Maîtres & Gardes Jurez & Syndics de tous les Corps des Marchands & Communautez d'Artisans, tant dans la Ville de Paris, que des autres Villes du Royaume, pour nous marquer leur zele pour notre service, & leurs soumissions à nos volontez, ils nous auroient offert de nous payer les sommes ausquelles la finance desdits Offices avoit été moderée en notre Conseil en accordant la reunion desdits Offices à leurs Corps, à condition que lesdits Offices seroient exécutez à l'avenir comme ils l'avoient été avant l'Edit du mois de Mars 1691. & que l'Election desdits Gardes seroit faite comme par le passé ; lesquelles offres ayant été par Nous agréées, ils nous auroient payé la somme de cent vingt mille livres, moyennant le payement de laquelle somme Nous leur aurions accordé par nos Lettres Patentes en forme de Déclaration du 12. Juin 1691. la reunion desdits Offices à leur Corps, pour être exercez par ceux qui y seroient élûs, ainsi qu'ils avoient fait avant l'Edit du mois de Mars 1691. avec les jouissances des droits attribuez ausdits Offices, à prendre sur chacun des Marchands qui composent ledit Corps, lesquelles Lettres auroient été enregistrées au Greffe de notre

Parlement : Que depuis par notre Edit du mois de Mars 1694.
ayant pareillement créé & érigée en titre d'Offices formez &
héréditaires, deux Auditeurs & Examinateurs des Comptes
pour chaque Corps des Marchands & Communautez d'Arts
& Métiers de notre bonne Ville de Paris, & autres Villes
& Bourgs de notre Royaume, avec attribution de cent cinquante mille livres de gages effectifs & du Droit Royal, tel
qu'il avoit été étably par l'Edit du mois de Mars 1691. les
Supplians animez du même zele pour notre service, & pour
obéir à nos Ordres, ayant marqué qu'ils vouloient bien acquerir lesdits Offices, Nous aurions moderé la Finance à leur
égard à pareille somme de cent vingt mille livres & les deux
sols pour livre, par Arrêt de notre Conseil du 14. Février 1696.
par lequel Nous aurions dispensé ceux qui seroient élûs dans les
Charges de Gardes, de prendre à l'avenir aucunes Provisions
ni Lettres de confirmation pour lesdites Charges d'Auditeurs
& d'Examinateurs des Comptes, dont Nous les aurions dispensez ; en exécution duquel Arrêt les Supplians ayant payé
ladite somme de cent vingt mille livres pour la Finance desdits Offices d'Auditeurs des Comptes, & celle de douze
mille livres pour les deux sols pour livre de ladite Finance, ils
auroient en vertu du Rôlle arrêté en notre Conseil, & de
leur quittance de Finance, jouy du Droit Royal & des gages
à eux attribuez, le tout sans avoir pris des Provisions desdits
Offices, & leurs comptes auroient été rendus & examinez en
la maniere accoûtumée, & de même qu'avant ledit Edit du
mois de Mars 1694. & bien que dans ces circonstances il y ait
lieu de dire que lesdites Charges ne subsistent plus, n'y ayant
plus aucun Officier qui soit pourvû de celle de Garde, soit par
Lettres de Provisions, soit par Lettres de confirmation, & que
jamais aucun Marchand dudit Corps n'ait obtenu des Provisions des Offices d'Auditeurs ou d'Examinateurs des Comptes, & qu'ainsi ils doivent être considerez comme Offices
supprimez plûtôt que réunis à leurs Corps, Néanmoins dans
le mois de Novembre 1701. il leur auroit été signifié des Ex-
traits des Rôlles arrêtez en notre Conseil en exécution de
notre Edit du mois d'Août 1701. pour la confirmation du

droit d'hérédité & de survivance , & de l'Arrêt du Conseil
donné en conséquence le vingt Septembre audit an , à la requête de Jean Garnier , subrogé au lieu de Charles de la
Cour de Beauval , chargé du Recouvrement de la Finance
qui doit provenir de la confirmation desdits droits d'hérédité , dans lesquels Rôlles ils sont compris pour la somme
de quatre-vingt mille livres pour la confirmation dudit droit
d'hérédité , desdits Offices d'Auditeurs & Examinateurs des
Comptes , & de Maîtres & Gardes de leur Corps , avec commandement de payer incessâmment ladite somme contenue
ausdits Rôlles , & dans le même tems à la Requête de Maître
Jean Garnier , chargé de l'exécution de notre Edit du mois
de Juillet 1702. portant création d'un Trésorier Receveur
& Payeur des deniers communs de chaque Corps & Communauté , il leur a été donné copie d'une Procuration passée à
Nicolas le Févre , pour exercer par provision ladite Charge
en vertu de sadite Procuration, suivant la faculté à lui donnée par l'Arrêt de notre Conseil rendu en conséquence, avoir
entrée dans leur Bureau , & se mettre en possession de leurs
Registres ; & comme jusques à présent, & de tems immémo-
rial les Maîtres & Gardes ont été les Receveurs & Payeurs
des deniers de leur Corps , ils Nous auroient représenté que
si cet ordre étoit changé, & qu'un étranger qui auroit ac-
quis cette Charge eût l'entrée dans leur Bureau & l'administration des deniers qu'ils reçoivent, qui sont pour la plus
grande partie destinez & employez au payement des arréra-
ges des rentes par eux constituées pour nous payer les Finances des Offices de Gardes & d'Auditeurs Examinateurs
des Comptes , toute la discipline qui maintient leurs Corps
& par le moyen de laquelle ils y font observer les Reglemens
de Police , seroit ruinée : Que dans les regles établies par
nos Edits & Ordonnances , il n'y a que des particuliers à qui
le bénéfice d'hérédité puisse convenir, & qui puisse être assu-
jettis à payer quelque Finance pour en obtenir la confirmation : Que même cette loi se trouve écrite dans ledit Arrêt
de notre Conseil du vingt Septembre 1702. à eux signifié avec
l'Extrait du Rôlle qui porte en terme précis que les taxes de
confirmation

confirmation d'hérédité doivent être payées par les pourvûs
d'Offices héréditaires ; & en un autre lieu, que ce sont les
Propriétaires desdits Offices qui doivent payer lesdites taxes
de confirmation d'hérédité : Que leur Corps nous ayant
payé des Finances par pure obéissance sans jamais avoir eu
d'autre intention que d'anéantir réellement & effectivement
lesdites Charges sous le titre de réunion, & à qui Nous avons
accordé la dispense qu'ils nous ont demandée, de prendre
des Lettres de confirmation de celles de Gardes, il n'y a
jamais eu aucun d'eux qui ait été pourvû de celles d'Auditeurs & Examinateurs des Comptes, lesquelles même n'ont
jamais été réunies à leurs Corps, mais seulement la jouissance à eux accordée des gages & du Droit Royal, suivant
le contenu en leur quittance de Finance, & quelque bonne
volonté qu'ils ayent de nous secourir dans nos besoins, comme ils ont fait jusques à présent, il leur seroit impossible d'y
parvenir si ces Offices que nous créons & que nous les obli-
geons d'acquerir & de réunir avec les droits & gages y attribuez, étoient sujets à des taxes pour confirmation du droit
d'hérédité ou autres taxes de quelque nature qu'elles puissent
être, & qu'ainsi ils ont grand interêt d'en obtenir la décharge, pour raison de quoi ils nous auroient très-humblement
fait supplier de les décharger du payement de la somme à
eux demandée sous prétexte de confirmation d'hérédité desdits Offices de Maîtres & Gardes, & d'Auditeurs & Examinateurs des Comptes, & de déclarer lesdits Offices n'être
point sujets à aucune confirmation d'hérédité, ni aucunes
autres taxes de quelque qualité qu'elles soient, & nous auroient offert d'acquerir ledit Office de Trésorier Receveur
& Payeur des deniers communs de leur Corps, créé par notre Edit du mois de Juillet 1702. & de nous en payer la somme
de quatre-vingt quinze mille livres & celle de neuf mille cinq
cens livres pour les deux sols pour livre, dans les tems qu'il
Nous plaîroit leur accorder, moyennant le payement de
laquelle somme Nous ordonnerions la réunion à leur Corps
dudit Office du Trésorier Receveur & Payeur de leurs deniers communs, avec deux mille huit cens cinquante livres

K.

de gages actuels & effectifs par chacun an, à commencer la
jouissance du premier Janvier 1703. pour servir au payement
des rentes qui seroient constituées pour nous pouvoir fournir
ladite somme de quatre-vingt quinze mille livres pour la Finance dudit Office, & les deux sols pour livre d'icelle, &
aussi à la charge qu'ils ne seroient tenus de prendre aucunes
Provisions dudit Office, dont il Nous plairoit de les dispen-
ser, & déclarer ledit Office n'être sujet à l'avenir à aucune
taxe de confirmation d'hérédité, ni à aucune autre taxe de
quelque qualité qu'elle soit, dont en tant que besoin seroit
il Nous plairoit les affranchir & décharger purement & simplement : Ils Nous auroient en outre supplié pour les mettre
en état de pouvoir payer les arrerages des rentes qu'ils seroient obligez de créer sur eux-mêmes, & même d'acquitter
de tems à autre une partie dudit principal, ce qui ne se peut
qu'en imposant quelques droits nouveaux, ou en se prescri-
vant des Reglemens qui les maintiennent dans une exacte discipline, & empêchent les abus qui détruisent ordinairement
les Corps & Communautez les mieux établis, de confirmer
les dispositions d'une Délibération qu'ils ont prise entre
eux sous notre bon plaisir, en conséquence de notre Edit
du mois de Juillet 1702. qui porte qu'il sera fait des Reglemens convenables à chaque Corps & Communauté, & à l'u-
tilité publique, & d'ordonner l'exécution de nos Arrêts des
vingt-deux Décembre 1703. & vingt-deux Janvier 1704. Et
voulant favorablement traiter ledit Corps des Marchands
de Vins de notre bonne Ville & Fauxbourgs de Paris, & leur
donner des marques de notre protection, & que nous sommes satisfaits de leur zele & de leurs soumissions ; A CES
CAUSES & autres à ce Nous mouvans, après avoir fait
examiner en notre Conseil les Articles & propositions que
lesdits Marchands de Vins ont fait rédiger par écrit, conformément à leur Délibération prise entr'eux le 13. Novembre
1703. lesdits Arrêts de notre Conseil du 14. Février 1696.
22. Décembre 1703. & 22. Janvier 1704. & de notre certaine
science, pleine puissance & autorité Royale, NOUS avons dit
& déclaré, & par ces Présentes signées de notre main, disons,

déclarons, voulons & noüs plaît, que le Corps des Marchands
de Vins de notre bonne Ville & Fauxbourgs de Paris, demeure maintenu & confirmé, comme par ces Presentes nous
les maintenons & confirmons dans la proprieté, possession
& jouïssance des Offices de Maîtres & Gardes, & de ceux
d'Auditeurs des Comptes créez par nos Edits des mois de
Mars 1691. & 1694. & réunis audit Corps, sans que pour ce
lesdits Marchands de Vins soient tenus de nous payer aucune
taxe de confirmation d'hérédité, ni supplément de Finance,
sous quelque prétexte que ce soit, dont nous les déclarons
francs & exempts en tant que besoin seroit, les exemptons
& affranchissons ; & en consequence, les avons déchargez
& déchargeons purement & simplement du payement de la
somme contenue au Rôlle à eux signifié à la requête dudit
Jean Garnier chargé du recouvrement des deniers provenans
des sommes par nous ordonnées être payées pour la confirmation d'heredité, luy faisons défenses & à tous autres, de faire
à l'avenir aucunes poursuites & contraintes contr'eux, à peine
de tous dépens, dommages & interêts ; & de la même autorité que dessus, Nous avons uny & incorporé audit Corps des
Marchands de Vins, l'Office de Trésorier Receveur & Payeur
de leur deniers communs, créez par notre Edit du mois de Juillet 1702. pour jouir par eux des Droits, Privileges & exemptions y attribuez, & en outre de deux mille huit cens cinquante
livres de gages actuels & effectifs pour chacun an, à commencer du premier Janvier 1703. lesquels gages seront payez par
le Receveur Général de nos Finances en exercice, sur les quittances des Gardes receveurs en Charge, qui continueront de
recevoir les deniers communs du Corps comme auparavant
la création dudit Office de Trésorier Receveur de Bourse
commune, sans que pour raison dudit Office ils soient obligez de prendre aucunes Lettres de Provisions, ny qu'ils soient
cy-après tenus d'aucune taxe de confirmation d'heredité,
ny autres dont Nous les déclarons pareillement exempts, à
la charge de nous payer par eux pour ledit Office de Trésorier, la somme de quatre-vingt quinze mille livres de principal sur les quittances du Trésorier de nos Revenus Casuels, &

en attendant l'expedition d'icelles fur les Recipiffez de Maître Jean Garnier chargé de ce recouvrement , ou de fes Procureurs & Commis, portant promeffe de les fournir ; & la
fomme de neuf mille cinq cens livres pour les deux fols pour
livre , fur les quittances dudit Garnier , lefdites deux fommes
faifant enfemble celle de cent quatre mille cinq cens livres
payable dans les tems portez par ledit Arrêt de notre Confeil
du 22. Décembre 1703. A l'effet de quoy permettons aufdits
Maîtres & Gardes dudit Corps d'emprunter , fi fait n'a été ,
conformément audit Arrêt , ladite fomme, tant en principal
que deux fols pour livre , en tout ou partie. VOULONS
que ceux qui prêteront leurs deniers ayent privilége & hy-
poteque fpéciale fur ledit Office, droits & gages y attribuez ,
comme auffi fur les dix fols que nous avons ordonné par nof-
dits Arrêts des 22. Decembre 1703. & 22. Janvier 1704. être
levé fur chaque Muid de Vin vendu par le Marchand de Vin
en détail dans ladite Ville & Fauxbourgs, à commencer du
premier dudit mois de Décembre 1703. la levée duquel droit
de dix fols qui fera percû conformément aufdits Arrêts , &
notamment à celui du 22. Janvier 1704. Nous voulons n'a-
voir lieu que jufqu'à l'actuel rembourfement de ladite fomme principale de quatre-vingt quinze mille livres,& deux fols
pour livre , arrerages & intérêts d'emprunts , frais faits & à
faire , tant pour lefdits emprunts , expéditions, régie & perception dudit droit,qu'autrement , à l'effet de quoy il en fera
rendu compte tous les trois mois par ceux qui l'auront percû
pardevant le Lieutenant Général de Police dans ladite Ville & Fauxbourgs, conformément aufdits Arrêts : Et pour
maintenir la difcipline qui doit être entre lefdits Marchands
de Vins, & empêcher les entreprifes qui fe font fur leur
Profeffion & Privilege, NOUS avons par ces mêmes
Préfentes dit , ftatué & ordonné , difons, ftatuons & ordonnons, voulons & nous plaît ce qui en fuit.

ARTICLE I.

Que le Corps defdits Marchands de Vins, jouiffe ainfi
qu'il a fait depuis fon érection en Corps , de tous les droits

honneurs, prérogatives, rangs & priviléges dans lesquels il a été confirmé & maintenu, tant par nos Lettres Patentes & des Rois nos prédecesseurs, que par les Arrêts de notre Conseil & du Parlement, sans que lesdits Marchands de Vins puissent être troublez en quelque sorte & maniere que ce soit.

II.

Les Vins de ceux qui seront surpris en fraude dans no-tredite Ville & Fauxbourgs de Paris, en les vendant sans titre ny qualité, seront tirez de leurs caves & conduit sur l'E-tappe, à la diligence des Maîtres & Gardes dudit Corps, & aux frais de la chose, pour y être vendus en gros au Public, & sur le rapport que feront lesdits Gardes des contraven-tions au Lieutenant Général de Police de notredite Ville, les contrevenans seront condamnez en l'amende envers Nous, & aux depens, dommages & interêts envers ledit Corps.

III.

Il ne sera donné Lettre de Marchand de Vins qu'à ceux qui seront jugez capables par les Maîtres & Gardes dudit Corps d'en faire bien & dûement le commerce, & seront les Fils de Marchands nez en loyal mariage, & ceux qui rappor-teront des Certificats de services rendus pendant quatre an-nées chez les Marchands dudit Corps, reçûs & admis à faire ladite Marchandise préferablement à tous autres, bien en-tendu que les uns & les autres seront regnicoles, & feront pro-fession de la Religion Catholique, Apostolique & Romaine.

IV.

Les Veuves des Marchands dudit Corps jouiront des mê-mes Priviléges que leurs Maris, durant le tems qu'elles de-meureront en viduité.

V.

DEFFENDONS à tous Marchands dudit Corps de re-cevoir à leur service aucun Domestique & Garçon à la Mar-chandise de Vin, sortant de la maison & service d'un autre Marchand, si ce n'est du consentement par écrit du dernier marchand qu'il aura fervi, & après qu'il lui aura été certifié de fa conduite, bonne vie & mœurs, à peine de cinquante livres d'amende pour chacune contravention, & de plus grande en cas de récidive.

VI.

DEFFENDONS à toutes perfonnes n'ayant titre ni qualité, de faire commerce de Vins à Paris, même à tous Religieux & gens de Communautez Régulieres & Séculieres de s'ingerer à l'avenir en faifant les provifions de Vins pour leurs maifons, d'en faire aucune pour autrui directement ou indirectement, fur peine de confifcation defdits Vins, achetez & deftinez pour autrui; pourra même le Lieutenant Général de Police prononcer plus grande peine contre les contrevenans s'il y échet.

VII.

DEFFENDONS pareillement à tous Suiffes ou Portiers des Hôtels & Maifons des perfonnes de qualité, autres que ceux de nos Maifons qui en ont des Privileges fpéciaux, de s'ingerer de vendre aucun Vin en détail en ladite Ville & Fauxbourgs de Paris, à peine de cent livres d'amende pour la premiere contravention, & de confifcation des Vins pour la feconde, applicable moitié au profit de l'Hôpital Général, & l'autre moitié, au profit dudit Corps.

VIII.

VOULONS que les Bourgeois de notre bonne Ville & Fauxbourgs de Paris: vendent le Vin de leur crû dans leur maifon d'habitation, à huis coupé & pot renverfé, conformément à notre Déclaration du vingt-neuviéme Novembre 1680.

IX.

VOULONS auffi que les Bourgeois vendans les Vins de leur crû ne puiffent acheter d'autres Vins pour les mêler avec ceux de leur crû, à peine de demeurer déchûs de leur Privilége, & tous les Vins qui feront trouvez feront tirez des eaves, & conduits à l'Etappe pour y être vendus en gros au Public, à la diligence des Gardes dudit Corps & aux frais de la chose ; & en cas de récidive tous les Vins trouvez dans leurs caves seront confisquez, s'il est ainsi ordonné par le Lieutenant Général de Police , le tout suivant & aux termes de l'Article 11. du chapitre 8. de notre Ordonnance pour ladite Ville de Paris , du mois de Décembre 1672.

X.

LES Archers de l'Hôtel de notre bonne Ville de Paris , qui ont le Privilége d'y vendre jusqu'à la quantité de quatre mille Muids de Vin sans payer aucun droit de détail & d'augmentation , suivant le département fait & arrêté par les Prévôt des Marchands & Échevins de ladite Ville , ne pourront après leur Privilége consommé, vendre de Vins s'ils ne sont pourvûs de Lettres de Maîtres & Gardes & reçûs Marchands de Vins.

XI.

LES Gardes dudit Corps des Marchands de Vins suivant leur ancienne attribution & celle qui leur a été accordée par notre Déclaration du 12. Juin 1691. percevront par chacun an sur chaque maison , boutique ou cave où les Marchands dudit Corps vendent Vins en détail , & sur toutes personnes vendant Vins, qui payent au Fermier de nos Aydes le droit de détail , & sont exercez par les Commis , à l'exception des Bourgeois qui vendent le Vin de leur crû, la somme de huit liv. douze sols ; sçavoir, cinquante-deux sols d'ancien droit , & six livres d'augmentation, pour être lesdits deniers employez suivant & ainsi qu'il est expliqué par ladite Déclaration & par les Lettres Patentes que Nous avons accordées ausdits Marchands de Vins en conséquence ; N'entendons néanmoins que ladite somme de six livres soit payée après que les sommes empruntées pour la réunion des Offices de Gardes en exécution de notre Edit du mois de Mars 1691. auront été acquittées.

XII.

NUL vendant Vins, soit qu'il ait été reçû & admis audit Corps, soit qu'il soit Privilégié ou qu'il ne vende que le Vin de son crû, ne pourra avoir ni garder dans sa maison, caves ou celliers, aucune Bierre, Cidre, Poiré, Eau-de-vie, ni autres liqueurs & breuvages qui en puisse alterer la qualité sur peine de confiscation desdites liqueurs, & de cinquante livres d'amende pour la premiere contravention, & en cas de récidive, d'interdiction pour trois mois contre les Marchands, & contre les Privilégiez ou Bourgeois d'être déchûs de leurs Priviléges.

XIII.

TOUS les Vins qui seront amenez à Paris par les Forains, resteront au Port de vente dans les Batteaux, & n'en pourront être dechargez que pour être conduits à la Halle au Vin, où ils doivent être vendus en gros au Public, c'est-à-dire, par piece, sans que les Forains suivant les défenses portées par les Reglemens de Police, en puissent mettre aucunes dans des caves, solles, ni celliers hors ladite Halle, & il sera permis aux Maîtres & Gardes de la Marchandise de Vin, en cas de contravention, de les en faire tirer, & de faire transporter lesdits Vins aux frais de la chose sur l'Etappe, même de faire assigner les Contrevenans pardevant le Lieutenant Général de Police, pour être condamnez en leurs dépens, dommages & interêts, outre l'amende envers Nous.

XIV.

POUR veiller aux affaires dudit Corps & empêcher qu'il ne soit contrevenu aux Statuts & Reglemens d'icelui, il y aura toûjours, comme il y a eu cy-devant, deux grands Gardes & quatre Maîtres & Gardes qui y tiendront la main.

XV.

IL sera élû chaque année deux grands Gardes & deux nouveaux Maîtres & Gardes pour entrer en laplace des deux

qui

qui fortiront de Charge, & d'autant que ceux qui font nommez grands Gardes ont déja rempli les Charges de Maîtres &
Gardes, leur fonction de grand Garde ne durera qu'un an,
s'ils ne font continuez, laquelle continuation ne pourra être
que de deux ans.

XVI.

POUR éviter tout defordre & confusion dans la fufdite
Election à caufe du grand nombre de Marchands dont leur
Corps eft compofé, il n'y affiftera que les anciens Gardes avec
ceux en Charge, & foixante autres Marchand à leur tour,
fuivant l'ordre de Réception, dont fera dreffé un état lequel
fera vifé par le Lieutenant Général de Police, & lefdits anciens Marchands, enfemble les foixante mandez feront convoquez par billets portez par le Clerc de la Communauté;
& ceux d'entre eux qui ne s'y feront pas trouvez fans empêchement légitime, payeront chacun cent fols de peine applicable, moitié à l'Hôpital Général, & l'autre moitié à la
Chapelle de leur Communauté.

XVII.

CETTE Election fe fera dans le Bureau fur la fin du
mois d'Août au jour qui fera donné par le Lieutenant Général de Police, lequel y affiftera avec notre Procureur au Châtelet pour y recevoir le ferment & les fuffrages des convoquez,
& ne fera libre à aucun de ceux qui auront été élûs de refu-
fer lefdites Charges, mais incontinent après que leur élection
leur aura été notifiée, ils feront tenus de fe transporter avec
les Gardes en Charge en l'hôtel dudit Lieutenant Général
de Police, qui recevra leur ferment au cas requis, après
quoi ils prendront poffeffion defdites Charges au jour de faint
Remy fuivant.

XVIII.

LES Gardes en Charge & leurs fucceffeurs efdites Charges fe rendront au Bureau dudit Corps les Mardis & Vendredis de chacune femaine, deux heures de relevée, pour y
conferer & délibérer fur les affaires dudit Corps, examiner

L

les personnes qui se présenteront pour y être reçus, & leur delivrer des Lettres de Marchand s'il y échet.

XIX.

LES Gardes en Charge ne pourront de leur propre mouvement entreprendre aucune affaire ou Procès de conséquence où tout le Corps se trouvera interessé, ni choisir ou révoquer aucun Procureur ni Huissier, mais seront tenus d'en faire les propositions aux anciens Gardes qui seront à cet effet convoquez au Bureau en la maniere accoûtumée, & de suivre ce qui aura été arrêté, & conclu à la pluralité des voix dans lesdites Assemblées, & seront les Délibérations transcrites sur le Registre qui est en leur Bureau, & signées de tous ceux qui y auront assisté.

XX.

LES Gardes qui sortiront de Charge donneront par inventaire à ceux qui leur succederont, les Registres, Titres, Papiers & Enseignemens concernant ledit Corps, ce qui sera pratiqué par tous les autres Gardes qui possederont cy-après les mêmes Charges.

XXI.

CEUX qui après avoir été Marchands dudit Corps ont traité ou traiteront d'Offices des douze ou vingt-cinq Privilégiez suivant la Cour, ou se feront pourvoir d'autres Priviléges, n'auront plus de rang, séance, ni voix délibérative dans les Assemblées qui se feront pour les affaires dudit Corps, s'ils ne se soumettent par écrit comme les autres Marchands d'icelui, aux Statuts & Reglemens qui le concernent.

XXII.

LES Gardes sortis de Charge seront tenus incessamment, & dans les six mois au plus tard après leur administration finie, de présenter le compte de leur recette & dépense faite pendant le tems de leur exercice, pardevant les six Gar-

des en Charge & six anciens Gardes qui auront rendu leurs
comptes , & qui auront été élûs & nommez aujour que se fit
l'élection des nouveaux Gardes qui devoient entrer en la
place de ceux qui sortoient de Charge , & lesdits comptes seront rapportez & représentez au Lieutenant Général de Police pour les arrester en la maniere ordinaire.

XXIII.

APRE´S que lesdits Gardes auront ainsi rendu
leurs comptes , ils seront tenus d'en laisser copie avec les pieces justificatives d'iceux dans leur Bureau pour servir d'instruction aux Gardes nouvellement élûs, & y avoir recours
toutefois & quantes , s'il s'y trouve quelque reliquat au profit
de la Communauté , il sera mis entre les mains desd. nouveaux
Gardes pour subvenir aux affaires dudit Corps , duquel ils se
chargeront & rendront pareillement compte , à la fin de leur
exercice.

XXIV.

LA connoissance de toutes les contraventions qui seront
faites aux présens Reglemens , appartiendra au Lieutenant
Général de Police en premiere Instance , & par appel en notre Cour de Parlement , & les Gardes dudit Corps seront
tenus & obligez de dénoncer à Justice , & d'y faire leurs rap-
ports de toutes celles qu'ils découvriront dans le cours de
leurs visites sans aucune exception de personne.

ARTICLE XXV. & dernier.

VOULONS au surplus que les Statuts , Articles & Ordonnances dudit Corps des Marchands de Vins de notredite
Ville & Fauxbourgs de Paris , ensemble les Déclarations ,
Arrêts & Reglemens rendus en conséquence en faveur dudit
Corps , soient exécutez selon leur forme & teneur en ce qu'ils
ne sont contraires à ces Présentes. SI DONNONS EN MAN-
DEMENT à nos amez & feaux Conseillers les Gens tenans
notre Cour de Parlement à Paris, que ces Présentes ils ayent
à faire lire , publier & registrer, & du contenu en icelles faire

jouir & uſer leſdits Marchands de Vins de notre bonne Ville de Paris , ſelon leur forme & teneur : CAR tel eſt notre plaiſir. En témoin de quoi nous avons fait mettre notre Scel à ceſdites Préſentes. DONNE' à Marly le vingt-unième jour d'Avril l'an de grace mil ſept cens cinq , & de notre Regne le ſoixante deuxiéme. Signé , LOUIS ; Et plus bas , Par le Roy , PHELYPPEAUX. Vû au Conſeil , CHAMILLART.

Regiſtrées ouy le Procureur Général du Roy , pour jouir par les Impétrans de leur effet & contenu , & être exécutées ſelon leur forme & teneur , ſuivant & aux charges portées par l'Arrêt de ce jour. A Paris en Parlement le vingtiéme Janvier mil ſept cens ſix. Signé , DUTILLET.

Extrait des Regiſtres du Parlement.

VEU par la Cour les Lettres Patentes du Roy données à Marly le 21. Avril 1705. ſignées LOUIS , & plus bas , Par le Roy , PHELYPPEAUX , ſcellées du grand Sceau de cire jaune , obtenues par les Maîtres & Gardes du Corps des Marchands de Vins de cette Ville de Paris , par leſquelles , pour les cauſes y contenues , ledit Seigneur a déclaré , veut & lui plaît que le Corps des Marchands de Vins demeure maintenu & confirmé dans la propriété , poſſeſſion & jouiſſance des Offices de Maîtres & Gardes , & de ceux d'Auditeur des comptes créez par Edits des mois de Mars 1691. & 1694. & réunis audit Corps , ſans que pour ce leſdits Marchands de Vins ſoient tenus de payer audit Seigneur aucune taxe de confirmation d'hérédité , ni ſupplément de Finance , ſous quelque pretexte que ce ſoit , dont ledit Seigneur les a exemptez , & en conſéquence les a déchargez purement & ſimplement du payement de la ſomme contenue au Rôlle des taxes faites pour la confirmation de l'hérédité , A pareillement uni & incorporé audit Corps l'Office de Tréſorier Receveur & Payeur de leurs deniers communs , créé par Edit du mois de Juillet 1702. pour jouir par eux des droits,

Priviléges & exemptions y attribuez, & en outre de deux
mille huit cens cinquante livres de gages actuels & effectifs
pour chacun an, à commencer du premier Janvier 1703. lefquels gages feront payez par le Receveur Général des Finances en exercice, fur les quittances des Gardes Receveurs
en Charges qui continueront de recevoir les deniers communs du Corps comme auparavant la création dudit Office,
à la charge de payer audit Seigneur, pour ledit Office de
Tréforier, la fomme de quatre-vingt quinze mille livres de
principal, & celle de neuf mille cinq cens livres pour les deux
fols pour livre; à l'effet de quoi il leur permet d'emprunter,
fi fait n'a été, ladite fomme, tant en principal, que deux fols
pour livre, en tout ou partie: Veut que ceux qui prêteront
leurs deniers ayent Privilége & hypotheque fpéciale fur ledit
Office, droits & gages y attribuez, comme auffi fur les dix
fols que ledit Seigneur a ordonné par Arrêts des 22. Decembre 1703. & 22. Janvier 1704. être levez fur chaque Muid de
Vin vendu par le Marchand de Vin en détail dans ladite
Ville & Fauxbourgs de Paris, à commencer du premier Decembre 1703. la levée duquel droit de dix fols n'aura lieu que
jufqu'à l'actuel remboursement de ladite fomme principale de
quatre-vingt quinze mille livres, & deux fols pour livre, arrerages, intérêts d'emprunts, frais faits & à faire, tant pour
lefdits emprunts, expéditions, régie & perception dudit
droit, qu'autrement, à l'effet de quoi il en fera rendu compte
tous les trois mois par ceux qui l'auront perçû, pardevant le
Lieutenant Général de Police: Et pour maintenir la difcipline qui doit être entr'eux, & empêcher les entreprifes qui
fe font fur leur Profeffion & Priviléges, ledit Seigneur veut
que les nouveaux Statuts contenant vingt-cinq Articles énon-
cez efdites Lettres, foient executez & ainfi que plus au long
le contiennent lefdites Lettres à la Cour adreffantes, l'Arrêt
du neuviéme Juin 1705. par lequel la Cour avant proceder
à l'enregistrement defdites Lettres, a ordonné qu'elles feront communiquées au Lieutenant Général de Police & au
Subftitut du Procureur Général du Roy au Châtelet, pour
donner leur avis fur icelles, pour ce fait rapporté & com-

muniqué audit Procureur Général du Roy , être ordonnée
que de raison. L'avis dudit Lieutenant Général de Police &
dudit Substitut, du 13. Octobre aud. an. La Requête présentée
par lesdits Impétrans afin d'enregistrement desdites Lettres,
Conclusions du Procureur Général du Roy, ouy le rapport
de Maître René le Musnier , Conseiller , & tout consideré :
LA COUR a ordonné & ordonne que lesdites Lettres
seront enregistrées au Greffe d'icelle pour jouir par les Impétrans de leur effet & contenu, & être exécutez selon leur
forme & teneur , à la charge par les Impétrans de rendre
compte tous les trois mois de l'employ desdits deniers pardevant le Lieutenant Général de Police & le Substitut du Procureur Général du Roy au Châtelet. F A I T en Parlement
le vingtiéme jour de Janvier mil sept cens six. Collationné,
Signé , DU TILLET.

Extrait des Regiſtres du Conſeil d'Etat.

LE Roy étant informé que les Suiſſes, Portiers & autres Domeſtiques de pluſieurs Hôtels & Maiſons dans leſ-quelles les Commis de Maître Charles Ferreau, Fermier Gé-néral des Aydes, ne font point de viſites, vendent & débi-tent dans les Hôtels & Maiſons beaucoup de Vins en détail, & que les Maîtres qui le ſçavent ne l'empêchent point, ce qui fait un préjudice conſiderable aux Droits de la Ferme, & ruine les Cabarets voiſins : A quoi étant néceſſaire de pourvoir, OUY le rapport du ſieur CHAMILLART Conſeiller ordinaire au Conſeil Royal, Contrôlleur Général des Finances. SA MAJESTE' EN SON CONSEIL, a fait & fait très-expreſſes défenſes à tous Suiſſes, Portiers & autres Domeſtiques de Maiſons & Hôtels, où les Commis dudit Ferreau ne font point de viſite, de vendre & débiter aucun Vin en détail, ſoit à pot ou à aſſiette, à peine de con-fiſcation des Vins, & de cinq cens livres d'amende, qui ne pourra être moderée pour quelque cauſe que ce ſoit, & de punition corporelle, ſans préjudice des dommages & inte-rets du Fermier : Ce faiſant, Sa Majeſté a permis & permet aux Commis de Ferreau d'aller dans leſdites Maiſons & Hô-tels aſſiſté du premier Préſident de l'Election de Paris, pour y faire leurs viſites & dreſſer leurs Procès verbaux ſuivant les Reglemens : Enjoint Sa Majeſte aux Maîtres deſdites Maiſons & Hôtels de ſouffrir leſdites viſites, & de tenir la main à ce que leurs Suiſſes, Portiers & autres Domeſtiques ne vendent ni débitent aucuns Vins en détail, à pot ni autre-ment dans leurs Maiſons & Hôtels, en quelque ſorte & ma-niere que ce ſoit, à peine de répondre en leurs propres & privez noms, tant des amendes qui ſeront encouruës par leurs Domeſtiques, que des dommages & intérêts auſquels ils ſe-ront condamnez pour raiſon de ce, & ſeront toutes Lettres ſur ce néceſſaires expediées. FAIT au Conſeil d'Etat du Roy, tenu à Verſailles le vingt-quatriéme jour de Janvier mil ſept cens cinq Collationné. Signé, GOUJON.

DECLARATION DU ROY

EN FORME DE REGLEMENT,

PORTANT perception de six livres de Poids & Mesures, sur chacune maison & caves des Marchands de Vins ou autres exercées par les Aydes, & fait défenses à tous Particuliers renfermez dans les lieux privilegiez, de faire la Marchandise de Vins qu'ils ne soient pourvûs de Lettres des Maîtres & Gardes dudit Corps.

Du 26. Fevrier 1707.

LOUIS, par la grace de Dieu, Roy de France & de Navarre: A tous ceux qui ces Présentes Lettres verront, Salut. Par notre Edit du mois de Janvier 1704. Nous avons créé des Controlleurs Visiteurs des Poids & Mesures dans les Corps des Marchands, Communautez & Professions d'Arts & Métiers en toutes les Villes de notre Royaume, & nous leur avons attribué des droits fixez par le Tarif arrêté en notre Conseil le 15. du même mois; Et par autre notre Edit du mois d'Août suivant, Nous avons créé des Greffiers des enregistrements des Brevets d'Apprentissage, & autres Actes des mêmes Corps & Communautez, ausquels nous avons pareillement attribué des droits portez par le Tarif attaché sous le contre-scel dudit Edit, & les gages y mentionnez : Mais ayant depuis estimé que l'établissement de ces Offices pouvoit en quelque maniere être contraire à la liberté du Commerce, & qu'il seroit plus avantageux aux Corps & Communautez de notre bonne Ville de Paris de les supprimer en nous payant par eux les sommes ausquelles nous en réduirons les Finances, & leur abandonnant par Nous la jouissance des droits attribuez aux mêmes Offices suivant les Tarifs arrêtez en notre Conseil, pour être perçûs par les Maîtres & Gardes & Jurez desdits Corps & Communau-

tez.

tez, Nous avons par Arrêt de notre Conseil rendu sur la Requête des Maîtres & Gardes, tant Anciens qu'actuellement en Charge, & autres Marchands du Corps des Marchands de Vins de notredite Ville & Fauxbourgs de Paris, le 14. Septembre dernier, & Lettres Patentes sur iceluy du 21 Novembres 1706. ordonné qu'en payant par eux à M. Elie Biest & Nicolas Cartier, chargez du recouvrement de la finance qui doit provenir de l'execution desdits Edits des mois Janvier & Août 1704. la somme de quatre-vingt-quinze mille livres de finance principale, & celle de neuf mille cinq cens livres pour les deux sols pour livre dans les termes portez par ledit Arrêt & Lettres Patentes ; sçavoir, le principal sur les récepissez desdits Biest & Cartier, leurs Procureurs ou Commis, portant promesse de rapporter la quittance du Trésorier de nos Revenus Casuels, & les deux sols pour livre, sur leurs simples quittances ; lesdits Offices de Controlleurs Visiteurs des Poids & Mesures, & de Greffier des Enregistremens des Lettres de Maîtrise & autres Actes concernant ledit Corps, demeureront supprimez sans pouvoir être créez à l'avenir pour quelque cause & sous quelque prétexte que ce soit, & les droits attribuez ausdits Offices, seront réunis & appartiendront audit Corps aux gages actuels & effectifs par chacun an de la somme de trois mille sept cens cinquante livres, dont l'employ sera fait dans les Frais de nos Gabelles pour en jouir à commencer du premier Janvier 1706. suivant leur soumission, & leur être payée par chacun an en deux payemens de six mois en six mois sur les simples quittances des Maîtres & Gardes dudit Corps, en vertu de cet Arrêt, sans être tenus de prendre aucunes Lettres de Nous dont nous les avons dispensez, & avons en outre pourvû aux moyens qui peuvent leur faciliter le payement desdites sommes & frais nécessaires à ce sujet par des emprunts duPublic ou des Marchands & Veuves dudit Corps, même de ceux & celles qui ont fait signifier leur Renonciation à la Maîtrise depuis le mois de Mars 1692. suivant un état de répartition qui en sera arrêté par le sieur d'Argenson : mais les Maîtres & Gardes dudit Corps Nous ont representé que dans la perception des droits attribuez ausdits

M

Offices , dont nous leur avons abandonné la jouïssance , il se pourroit rencontrer des difficultés sous prétexte que nous ne nous serions pas suffisamment expliquez par le susdit Arrêt & Lettres Patentes , étant de l'intérêt dudit Corps pour pouvoir trouver plus aisément à emprunter ladite finance , que le payement des droits des Poids & Mesures fût fait de lamême maniere que les droits de Visite pour chacune maison & cave ouverte des Marchands de Vins , & par tous vendans Vins en notredite Ville & Fauxbourgs de Paris , sans aucune exception ny reserve de lieux privilégiez & autres où les Commis des Aydes font leur exercice; Comme aussi nous ont supplié de vouloir fixer non seulement le denier auquel nous leur avons permis d'emprunter par l'Arrêt de notre Conseil dudit jour 14. Septembre dernier , ladite somme de quatre-vingt-quinze mille livres & les deux sols pour livre d'icelle , mais encore conformement audit Edit du mois d'Août 1704. les droits d'Enregistrement des Certificats de service pendant quatre années chez les Marchands dudit Corps , pour être reçûs & admis suivant leurs Statuts , à faire ladite Marchandise de Vin, à vingt livres,& des Lettres de Marchands à pareil. le somme de vingt livres, laisser la liberté aux Maîtres & Gardes dudit Corps de recevoir ceux qui n'ayant pas qualité se presenteront pour être reçûs à faire lad. Marchandise,& seront par eux jugez capables , declarer que moyennant le payement qui sera fait par ledit Corps desdites sommes de quatre-vingt-quinze mille livres de finance principale , & neuf mille cinq cens livres pour les deux sols pour livre , dans les tems portez par lesdits Arrêts & Lettres Patentes du 14. Septembre & 11. Novembre derniers , ledit Corps ne pourra être cy-après poursuivi ny recherché sous quelque prétexte que ce soit , à cause de la réunion desdits droits , ny être taxé pour confirmation ny autrement , & que les Marchands dudit Corps demeureront déchargez en général & en particulier des sommes ausquelles Nous aurions auparavant fixé la finance desd. Offices par les Rôles que Nous aurions fait arrêter en notre Conseil, & en consideration des grosses finances que ledit Corps nous a payé depuis l'année 1691. pour les charges de Maîtres & Gar-

des, d'Auditeurs & Examinateurs des Comptes, & de Tréſorier
de Bourſe commune, & de celles qui ſeront payées en execution des Edits des mois de Janvier & May 1704. que leurdit
Corps ſera maintenu & gardé dans tous ſes droits, privileges
& attributions portez par nos Edits, Déclarations & Lettres
Patentes confirmatives de leurs Statuts. A CES CAUSES,
& autres à ce nous mouvans, de l'Avis de notre Conſeil qui
a vû l'Arrêt de notredit Conſeil du 14. Septembre dernier,
nos Lettres Patentes du 21. Novembre ſuivant, de notre certaine ſcience, pleine puiſſance & autorité Royale, Nous
avons dit, ſtatué & ordonné, & par ces Préſentes ſignées
de notre main, diſons, ſtatuons & ordonnons, voulons &
nous plaît, que ledit Arrêt de notre Conſeil du 14. Septembre dernier, & nos Lettres Patentes dudit jour 21. Novembre
ſuivant, ſoient exécutez ſelon leur forme & teneur, & y ajoû-
tant pour faciliter le payement qu'ils nous doivent faire de
ladite ſomme de quatre-vingt quinze mille livres & les deux
ſols pour livre d'icelle, Nous avons permis & permettons aux
Maîtres & Gardes dudit Corps d'en faire l'emprunt, ſoit à
conſtitution de rente ou autrement, à raiſon du denier dix-
huit ou autre plus avantageux, & à tous Notaires d'en paſſer
les Contrats nonobſtant tous Edits, Déclarations & Arrêts
à ce contraires, auſquels à cet égard nous avons dérogé &
dérogeons: Comme auſſi voulons que les droits des Poids &
Meſures ſoient payez ainſi que les droits de viſite attribuez
par chacun an audit Corps par chacune maiſon & cave desdits Marchands & par tous vendans Vins en notre Ville &
Fauxbourgs de Paris, ſans aucune exception ni réſerve des
lieux privilégiez & autres, où les Commis de nos Aydes font
leurs exercices: Permettons aux Maîtres & Gardes dudit
Corps de recevoir à l'avenir de chaque Particulier qui ſe préſentera pour être reçû Marchand, la ſomme de vingt livres
pour le Certificat de ſervice pendant quatre années chez les
Marchands, & pareille ſomme de vingt livres pour l'enregiſtrement de chaque Lettre de Marchand, outre les anciens
droits attribuez & qui ont accoûtumé d'être payez à chaque
réception de Marchand, & de recevoir des Marchands ſans

qualité lorsqu'ils seront jugez capables par les Maîtres &
Gardes de faire bien & dûement le Commerce, & au moyen
du payement qui sera fait par ledit Corps des sommes de quatre-vingt quinze mille livres de Finance principale, & neuf
mille cinq cens livres pour les deux sols pour livre, dans les
termes portez par l'Arrêt de notre Conseil, & Lettres Patentes des 14. Septembre & 21. Novembre dernier, Voulons que
ledit Corps des Marchands de Vins ne puisse être cy-après
poursuivi ni recherché sous quelque prétexte que ce soit, à
cause de la réunion desdits droits, ni être taxé pour confirmation : Ordonnons que les Marchands dudit Corps demeureront déchargez en général & en particulier des sommes ausquelles nous avons auparavant fixé la Finance desdits
Offices par les Rôlles que nous en avons fait arrêter en notre
Conseil. Voulons au surplus qu'à l'exemple des six Corps des
Marchands nul ne puisse s'établir pour la profession & Commerce de la Marchandise de Vin dans les Fauxbourgs Saint
Antoine & de la Conférence, dans l'enclos du Temple, de
saint Denys de la Chartre, saint Jean de Latran, de saint
Germain des Prez, dans la rue de l'Ourcine, rues adjacentes
& autres lieux privilégiez ou prétendus tels, sans avoir pris
Lettres des Gardes dudit Corps des Marchands de Vins ; lequel Nous avons maintenu & gardé, maintenons & gardons
par ces presentes dans tous ses droits, Priviléges & attributions, portés par nos Edits, Déclarations, Lettres Patentes
confirmatives de leurs Statuts & Arrêts de notre Conseil, que
nous voulons être exécutés selon leur forme & teneur, sans
qu'il y soit contrevenu, nonobstant tous Edits, Déclarations
& Arrêts contraires, ausquels nous avons dérogé & dérogeons par cesdites Presentes : N'entendons néanmoins
que les nouveaux droits attribuez aux Marchands de Vins
par la présente Déclaration, puissent être perçûs après que
les sommes empruntées par ledit Corps en exécution de nos
Edits de Janvier & Août mil sept cens quatre, auront été en-
tierement acquittées. Si donnons en mandement à nos amez
& feaux Conseillers les Gens tenans notre Cour de Parlement
à Paris, que ces Présentes ils ayent à faire lire, publier & regi-

ftrer, & du contenu en icelles faire jouir & ufer lefdits Marchands de Vins de notredite Ville & Fauxbourgs de Paris, felon leur forme & teneur; CAR TEL EST NOTRE PLAISIR: En témoin de quoi Nous avons fait mettre notre Scel à cefdites Préfentes. DONNE' à Verfailles le vingt-fixiéme jour de Fevrier l'an de grace mil fept cens fept, & de notre Regne le foixante-quatriéme. *Signé*, LOUIS: *Et plus bas*; Par le Roy: PHELYPEAUX, avec paraphe.

Regiftrées, ouy le Procureur Général du Roy, pour jouir par ledit Corps des Marchands de Vins de cette Ville de Paris, de l'effet & contenu en icelles, & être exécutées felon leur forme & teneur, aux charges portées par l'Arrêt. A Paris en Parlement le quatriéme Avril mil fept cens fept. Signé, DU TILLET.

ARREST
DE LA COUR
DE PARLEMENT,

Qui homologue l'Ordonnance du Bureau de la Ville, portant établiffement de douze Gaigne-deniers, pour faire, à l'excluſion de tous autres, le Roulage des Vins aux Ports de Saint Paul & de la Tournelle, à la préſentation & nomination des Maîtres & Gardes du Corps de la Marchandiſe de Vin.

Du 9. Septembre 1722.

LOUIS par la grace de Dieu, Roy de France & de Navarre, au premier des Huiffiers de notre Cour de Parlement, ou autre notre Huiffier ou Sergent fur ce requis: SÇAVOIR FAISONS, que Vû par la Chambre des

Vacations la Requête présentée par les Maîtres & Gardes du Corps des Marchands de Vins de cette Ville de Paris, à ce qu'il plût à ladite Cour & en ladite Chambre homologuer l'Ordonnance rendue au Bureau de cette Ville le 18. Juin 1712. pour être exécutée selon sa forme & teneur. Vû aussi ladite Ordonnance attachée à ladite Requête, signée, COPINEAU, MONTAGNE, HOUDAS, AVRILLON, SEJAN & TOUCHAIN, Suppliants, & ALLIER, Procureur : De laquelle Ordonnance la teneur ensuit : De par les Prévôt des Marchands & Echevins de la Ville de Paris, pour le Roulage des Vins sur les Ports, du 18. Juin 1712. A tous ceux qui ces Présentes Lettres verront : PIERRE-ANTOINE DE CASTAGNERE, Chevalier Marquis de Château-neuf & de Marolles, Conseiller d'Etat, Prévôt des Marchands, & les Echevins de la Ville de Paris, SALUT. Sçavoir faisons, que sur ce qui Nous a été représenté par le Procureur du Roy & de la Ville, que depuis la suppression des Officiers de Police sur les Ports de cette Ville par Edit du mois de Septembre 1719. les Soldats se sont ingerez de faire le service & fonctions des Officiers Rouleurs de Vins, & ont chassé du Port de la Tournelle les Gaigne-deniers Compagnons desdits Rouleurs, qui sçavoient & étoient habituez à faire leurs fonctions, à la satisfaction des Marchands & du Public, & qui connoissoient toutes les marques des Marchands, de même que ceux qui font actuellement lesdites fonctions au Port de Saint Paul; que lesdits Soldats ne pouvant pas continuer ce travail à cause du service qu'ils sont obligez de faire pour le Roy, & n'étant pas habituez à le faire, ne connoissant pas les marques des Marchands ausquels appartiennent tous les Vins qui sont dans une même Equippe, dont le nombre est quelquefois jusqu'à quarante ou cinquante, ils abandonnent souvent le travail dans le plus fort de l'ouvrage, & confondent toutes les différentes marques des Marchands les unes avec les autres : ce qui fait que fort souvent il se trouve du Vin perdu, cause du trouble, des disputes & des querelles, & même des Procès entre les Marchands; un dérangement & une confufion générale fur le Port. Que depuis quelque tems un nombre de Particuliers fe font auffi arrogés la faculté de faire feuls le Rempliffage des Vins à la Rapée, n'ayant pas voulu fouffrir que les perfonnes de confiance envoyées par les Marchands faffent ledit Rempliffage ; & pour cet effet ils exigent des fommes beaucoup plus fortes que celles qui étoient cy-devant payées : & que lefdits Soldats s'oppofent à ce que les Gaigne-deniers Debardeurs puiffent porter les Marchandifes de Bois à brûler de deffus les Ports dans les maifons des Bourgeois, lorfqu'ils en font requis, prétendant que lefdits Gaigne-deniers Debardeurs ne peuvent faire que la décharge defdites Marchandifes de Bois du Batteau à terre, & non jufques dans les maifons des Bourgeois. Pourquoi requeroit qu'à la nomination des Maîtres & Gardes du Corps de la Marchandife de Vin de cette Ville, il nous plût commettre des Gaigne-deniers Compagnons des anciens Rouleurs, dont les noms feroient infcrits dans un Tableau qui feroit dépofé, tant au Bureau de la Ville, qu'au Bureau defdits Maîtres & Gardes & au Bureau des Entrées, pour faire le Roulage des Vins fur les Ports ; aufquels il feroit payé pour leurs falaires ordinaires fix deniers par Muid ou demie-queue de toutes Jauges, deux demi Muids ou quatre quarts pour Muid, & deux quartaux pour demie-queue ; à la charge qu'ils feroient tenus de mettre à part les Vins de chacune marque des Marchands, & d'en faire des pilles à dix pieds au moins au-deffus du bord de la riviere ; Permettre aux Marchands de faire faire à la Rapée le Rempliffage des Vins par leurs Tonneliers ou telles autres perfonnes qu'ils jugeront à propos, aufquels il feroit payé pour cet effet cinquante fols pour chacun Batteau, de quelque forte de Vin qu'il foit chargé, venant de la riviere de Loire, & fix livres pour chacun Batteau venant de Champagne ou de Bourgogne, pour les Vins qui fe trouveront dans des Batteaux chargez d'autres Marchandifes à proportion : & faire défenfes aux Soldats de troubler lefdits Gaigne-deniers Compagnons Rouleurs dans leurs fonctions pour le Roulage des Vins fur lefdits Ports, & à toutes perfonnes de troubler ceux qui feront commis pour le Rempliff-

sage des Vins à la Rapée, sous telles peines qu'il appartien-
droit; sauf ausdits Soldats à être employez pour faire la fonctions des Tireurs au moulinet, & pour charger les Vins sur
les Haquets dans tous les Ports; pourquoi il leur sera payé
deux sols par voyes de toutes Jauges : & même pour faire le
Roulage des Vins à la Halle aux Vins; Comme aussi ordonner que les Gaigne-deniers Debardeurs pourront porter les
Marchandises de Bois de dessus les Ports de cette Ville dans
les maisons des Bourgeois, lorsqu'ils en seront requis, sans
que lesdits Soldats puissent les en empêcher, ni que lesdits
Gaigne-deniers Debardeurs puissent empêcher lesdits Soldats de faire la décharge & transport desdites Marchandises
dans les maisons des Bourgeois, aussi lorsqu'ils en seront requis. Ayant égard ausdites remontrances & requisitoire du
Procureur du Roy & de la Ville, Nous ordonnons qu'à la
présentation & nomination des Maîtres & Gardes de la
Marchandise de Vin de cette Ville, il sera par Nous commis
six Gaigne-deniers Compagnons Rouleurs pour faire le Roulage des Vins sur le Port de Saint Paul, & pareil nombre
pour faire le Roulage des Vins sur le Port de la Tournelle,
dont les noms seront écrits dans un Tableau au Bureau de
la Ville, au Bureau desdits Maîtres & Gardes, & au Bureau
des Entrées, ausquels il sera payé pour leurs salaires ordinaires six deniers par chacun Muid ou demie-queue de toutes
Jauges, deux demi Muids ou quatre quarts pour Muid, & deux
quartaux pour demie-queue : pour chacun panier de Vin en
bouteille, un sol : & pour un demi panier, six deniers, à la
charge par eux de mettre à part les Vins de chacune marque
des Marchands, & d'en faire des piles à dix pieds au moins
au dessus du bord de la riviere; Que le Roulage des Vins
sera pareillement fait aux Ports de vente de la Gréve à la
même raison, ainsi qu'à la descente des Coches audit Port
de Saint Paul; & qu'au Port de la Halle aux Vins, il sera
payé à ceux qui seront commis pour faire ledit Roulage, sçavoir, un sol par chacun Muid ou demie-queue de toutes
Jauges, roulé depuis le bout des chemins des Tonneliers,
jusques sur ledit Port, à dix pieds au moins au-dessus du bord

de

de la riviere, deux demi Muids ou quatre quarts pour Muid,
& deux quartaux pour demie-queue ; & trois fols pour chacun
Muid ou demie-queue de toutes Jauges de tous ceux qui feront roulez jufques dans ladite Halle, en quelqu'endroit que
ce foit, deux demi Muids ou quatre quarts pour Muid, & deux
quartaux pour demie-queue ; à la charge pareillement de
mettre à part les Vins de chacune marque des Marchands,
& d'en faire des pilles féparées. Que le rempliffage des Vins
fera fait à la Rapée par tel Tonnelier ou autres perfonnes que
les Marchands jugeront à propos de choifir : aufquels il fera
payé pour cet effet cinquante fols pour chacun Batteau, de
quelque forte de Vin qu'il puiffe être chargé, venant de la
riviere de Loire, & fix livres par chacun Batteau venant de
Champagne ou de Bourgogne, & pour les Vins qui fe trouveront dans les Batteaux d'autres Marchandifes à proportion.
Et faifons défenfes aux Soldats de s'ingérer de faire le Roulage des Vins fur les Ports de cette Ville, ni de troubler lefdits Gaigne-deniers Compagnons Rouleurs dans leurs fonctions pour le Roulage defdits Vins ; & à toutes perfonnes de
troubler ceux qui feront commis par les Marchands pour le
rempliffage des Vins à la Rapée, à peine d'un mois de pri-
fon pour chacune contravention, fauf aufdits Soldats à être
employez pour faire la fonction de Tireurs au moulinet, &
pour charger les Vins fur les Hacquets dans tous les Ports ;
pourquoi il leur fera payé deux fols par voye de toutes Jauges :
& même pour faire le Roulage des Vins à la Halle aux Vins.
Et difons que les Gaigne-deniers Débardeurs de Bois pourront porter les Marchandifes de Bois de deffus les Ports de
cette Ville dans les maifons des Bourgeois, lorfqu'ils en feront requis, fans que les Soldats puiffent les en empêcher, ni
que lefdits Gaigne-deniers Débardeurs puiffent empêcher
lefdits Soldats de faire la décharge & tranfport defdites Marchandifes de Bois de deffus lefdits Ports dans les maifons des
Bourgeois, auffi lorfqu'ils en feront requis. Ce qui fera lû,
publié & affiché fur tous les Ports de cette Ville & partout
où befoin fera, & exécuté nonobftant oppofitions ou appellations, & fans préjudice d'icelles, FAIT au Bureau de la

N

Ville le 18. Juin 1722. *Signé*, TAITBOUT : à côté , Scellé le 5. Septembre 1722. Reçû 4. sols , avec paraphe. Conclusions de notre Procureur Général : O u y le rapport de Maître Philippes-Charles Gauthier du Bois , Conseiller : TOUT CONSIDERE', Notredite Chambre a homologue & homologue ladite Ordonnance du 18. Juin dernier , pour être exécutée selon sa forme & teneur. FAIT en Parlement en Vacations le neuvième jour de Septembre , l'An de grace mil sept cens vingt-deux , & de notre Regne le huitieme. Par la Chambre , Collationné, *signé*, GILBERT.

DECLARATION DU ROY,

Concernant les *Vins du Crû des Bourgeois de Paris.*

Donnée à Fontainebleau le 28. Septembre 1724.

Registrée en Parlement.

LOUIS par la grace de Dieu, Roy de France & de Navarre : à tous ceux qui ces présentes Lettres veront , SALUT. Nous sommes informés par différentes Instances qui sont pendantes en notre Conseil , que les Bourgeois de notre bonne Ville de Paris sont troublés dans la liberté qu'ils doivent avoir de vendre le Vin de leur crû en détail, dans ladite Ville & Fauxbourgs , les Maîtres & Gardes de la Communauté des Marchands de Vins ayant prétendu qu'ils ne pouvoient faire cette vente autrement qu'à huis coupé & pot renversé , ni ailleurs que dans leurs maisons d'habitation , par eux-mêmes ou par leurs domestiques , ayant même obtenu quelques Arrêts qui les ont autorisés dans cette prétention; Nous avons déja par un Arrêt de notre Conseil du 15. Mars 1718. contradictoire avec lesdits Marchands de Vins , rétabli une partie de l'ancien Droit des Habitans de notredite Ville , en jugeant qu'ils peuvent dans la vente qu'ils font

de leurs Vins en détail , fournir tables , siéges , pots & verres
seulement La différence qui étoit lors par rapport à nos
droits d'Aydes , entre les Vendans à pot , & les Vendans à
assiette , Nous avoit fait ajoûter dans cet Arrêt , que les Bourgeois de notredite Ville seroient tenus , avant de commencer la vente de leurs Vins , de déclarer à notre Fermier s'ils
entendoient vendre à pot ou à assiette : Mais cette Déclaration étant devenue inutile par la suppression que Nous avons
faite des Droits de détail dans notredite Ville & Fauxbourgs ,
il ne Nous reste plus pour lever toutes les difficultés entre les
Bourgeois & les Maîtres & Gardes de la Communauté des
Marchands de Vins que d'expliquer nos intentions sur les lieux
où les Habitans de notredite Ville peuvent faire la vente de
leurs Vins. L'Ordonnance des Aydes du mois de Juin 1680.
permet à tous nos Sujets de vendre le Vin de leur crû en une
ou plusieurs maisons à leur choix , & elle ne restraint à ne
pouvoir vendre hors la maison d'habitation , que ceux qu'elle
exempte des Droits de détail : Et comme les Habitans de notredite Ville & Fauxbourgs de Paris , ont toûjours été sujets
ausdits Droits de détail , qu'ils acquittent aujourd'hui avec
ceux de l'Entrée ; c'est contre l'esprit de ladite Ordonnance
de 1680. que nos Juges ordinaires , à qui cette Ordonnance
n'étoit point connue , parce qu'elle n'a été enregistrée qu'en
notre Cour des Aydes , leur ont défendu de vendre ailleurs
que dans leur maison d'habitation. Et comme il ne seroit pas
juste qu'ils demeurassent privés d'un Privilége qui leur a ap-
partenu de tout tems , & qui leur est même commun avec
tous nos autres Sujets , Et que la Communauté des Marchands de Vins , qui seul pourroit avoir intérêt de s'y opposer ,
y est au fonds très-mal fondée , puisque le Privilége de cette
Communauté ne consiste que dans la faculté exclusive d'a-
cheter & vendre Vin , & de fournir aux Bûveurs , nappes , serviettes , assiettes , & viande : Et que les dispositions qu'ils ont
fait inserer dans les Lettres par eux obtenues le 21. Avril
1705. pour la confirmation de leurs nouveaux Statuts , ne
peuvent nuire ni préjudicier aux droits des Bourgeois de notredite Ville de Paris , Nous avons jugé nécessaire d'expliquer

N ij.

fur ce nos intentions. A CES CAUSES, & autres à ce
Nous mouvans, de l'Avis de notre Conseil, & de notre certaine science, pleine puissance & autorité Royale; Nous
avons par ces Présentes signées de notre main, dit, déclaré
& ordonné, disons, déclarons & ordonnons, Voulons &
Nous plaît, que les Bourgeois & Habitans de notre bonne
Ville & Fauxbourgs de Paris, qui possedent des Vignes à
eux appartenantes, & qui les font cultiver & façonner à leurs
frais & dépens, puissent vendre le Vin qui en proviendra,
en notredite Ville & Fauxbourgs, en détail, avec pots dûement étalonés, en tels lieux & par telles personnes qu'ils jugeront à propos, pour leur propre compte & sans fraude, &
fournir aux Buveurs tables, sieges, pots & verres, sans pouvoir fournir nappes, serviettes & assiettes, ni donner à manger, à peine de cent livres d'amende pour chaque contravention au profit de la Communauté desdits Marchands de
Vins, & à la charge par les Bourgeois de notredite Ville, de
faire enregistrer, une fois seulement, dans un registre que
lesdits Marchands de Vins seront tenus d'avoir en leur Bureau, les Titres de propriété de leurs Vignes, avec le Certificat en bonne forme des Curés, Syndics ou Marguilliers des
Paroisses où lesdites Vignes sont situées, contenant qu'ils font
cultiver & façonner lesdites Vignes à leurs frais & dépens,
& déclarer chaque année au Bureau desdits Marchands de
Vins, avant de commencer la vente, la quantité de Vins qu'ils
auront recueillie, & celle qu'ils entendent vendre en détail,
les rues & quartiers où ils voudront faire ladite vente, & le
nom des personnes qu'ils devront y employer, desquels enregistremens que Nous voulons être faits à leur premiere requi-
sition, il leur sera donné un double signé de celui qui sera à
cet effet préposé par la Communauté desdits Marchands de
Vins; le tout sans aucun frais, si ce n'est du papier. Permettons aux Maîtres & Gardes de ladite Communauté, de faire
leurs visites au nombre de deux seulement, en vertu d'Ordonnance du Lieutenant Général de Police, & assistés d'un
Commissaire au Châtelet, qui aura été par lui commis, dans
les maisons où lesdits Bourgeois feront la vente & le débit de

leurs Vins, & de dreſſer leurs Procès verbaux en cas de fraude ou de contravention aux Réglemens de Police, pour y être pourvû ainſi qu'il appartiendra; ſans que leſd. Maîtres & Gardes puiſſent prendre aucuns droits ni frais pour leſdites viſites, à peine de concuſſion; dérogeans en tant que beſoin eſt ou ſeroit, à toutes Lettres Patentes ou Jugemens à ce contraires. SI DONNONS EN MANDEMENT à nos amez & feaux Conſeillers les Gens tenans notre Cour de Parlement & Cour des Aydes à Paris, que ces Préſentes ils ayent à faire lire, publier & regiſtrer, & le contenu en icelles garder, obſerver & exécuter ſelon leur forme & teneur : CAR tel eſt notre plaiſir. En témoin de quoi Nous avons fait mettre notre Scel à ceſdites Préſentes. DONNÉ à Fontainebleau le vingt-huitiéme jour de Septembre, l'an de grace mil ſept cens vingt-quatre, & de notre Regne le dixiéme. Signé, LOUIS. Et plus bas, PHELYPEAUX. Vû au Conſeil, DODUN. Et ſcellé du grand Sceau de cire jaune.

Regiſtrées, ony, & ce requerant le Procureur Général du Roy, pour être exécutées ſelon leur forme & teneur, ſuivant l'Arrêt de ce jour. A Paris en Parlement, le vingtiéme jour de Décembre mil ſept cens vingt-quatre. Signé, YSABEAU.

LETTRES PATENTES
SUR ARREST,

QUI défendent aux Cent Suiſſes de vendre du Vin, & leur accordent une augmentation de paye.

Données à Chantilly le 14. Juillet 1725.

LOUIS, par la grace de Dieu, Roy de France & de Navarre : A nos amez & feaux Conſeillers les Gens tenant notre Cour des Aydes à Paris, SALUT. Nous ſommes informez que pluſieurs des Cent Suiſſes de notre Garde, s'occupant du Commerce de vendre du Vin & autres Boissons en gros ou en détail, sont détournez du service qu'ils Nous doivent; Nous avons déja pourvû par Arrêt rendu en notre Conseil, Nous y étant, le premier Juin 1720. à l'indemnité des treize Privilegiez qui avoient la faculté de vendre dans notre bonne Ville de Paris chacun cent cinquante muids de Vin, sans payer aucuns droits de huitiéme: Et voulant empêcher que sous aucun prétexte aucun des Cent Suisses ne puissent à l'avenir faire ce Commerce, Nous avons bien voulu augmenter leur solde, par Arrêt rendu en notre Conseil d'E-tat, Nous y étant, le 14. Décembre 1723. pour l'execution duquel Nous avons ordonné que toutes Lettres seroient ex-pediées. A CES CAUSES, de l'avis de notre Conseil qui a vû ledit Arrêt cy-attaché sous le contre-scel de notre Chan-cellerie, Nous avons défendu, & par ces Présentes signées de notre main, faisons très expresses inhibitions & défenses à tous les Cent Suisses de le Garde ordinaire de notre Corps, de faire aucun Commerce de Vins & autres Boissons, soit en gros, soit en détail, directement ou indirectement en quelque maniere que ce soit, par eux, leurs femmes, quoique sépa-rées, enfans, domestiques, & autres personnes interposées, même d'habiter dans aucune maison où se fasse ledit Com-merce, à peine de cinq cens livres d'amende, de confisca-tion des Boissons, & de prison pendant six mois, dont au de-faut de payement, ainsi que des droits qui se trouveront par eux dûs à notre Ferme des Aydes, la retenuë sera faite sur la paye de toute la Compagnie, sauf le recours de la Compa-gnie contre le Contrevenant par les voyes de la Justice ordi-naire. Voulons que dans huitaine du jour de la publication du présent Arrest, & à l'avenir lors de la reception desdits Cent Suisses, ils soient tenus de faire serment entre les mains de leur Capitaine de se conformer au présent Arrest, & que ceux qui refuseront de prêter le serment, ou qui contrevien-dront au présent Reglement, soient à l'instant cassez & chas-sez de la Compagnie sans aucun remboursement. Accordons à ladite Compagnie six sols par jour d'augmentation de paye pour chaque place, faisant avec quatorze sols dont ils ont

joui par le passé, une paye de vingt sols par jour, revenant ladite augmentation de six sols par jour par place à quatorze mille huit cens quatre-vingts-douze livres par an, pour laquelle somme ladite Compagnie sera employée annuellement
dans l'état des Charges de notre Ferme générale des Aydes,
à commencer du premier Janvier 1724. & payée de mois
en mois & par avance par le Regisseur ou Fermier General
des Aydes, au Trésorier de ladite Compagnie, sur ses simples
Quittances ; & sera libre au Capitaine de faire retenir un sol
par place d'Officier, & six deniers par place de Suisse. SI VOUS
MANDONS que ces Presentes vous ayiez à faire publier &
enregistrer, & le contenu en icelles garder, observer & executer selon leur forme & teneur, nonobstant tous Edits, Déclarations, & Lettres à ce contraires, ausquels nous avons
dérogé & dérogeons par ces Présentes, aux copies desquelles
collationnées par l'un de nos amez & feaux Conseillers-Se-
cretaires voulons que foi soit ajoûtée comme à l'Original :
CAR tel est notre plaisir. Données à Chantilly le 24. Juillet,
l'an de grace mil sept cens vingt-cinq, & de notre regne le
dixiéme. *Signé,* LOUIS. *Et plus bas,* Par le Roy, PHE-
LYPEAUX Et scellées du grand Sceau de cire jaune.

Regiſtrées en la Cour des Aydes, ouy, & ce requerant le Pro-
cureur Général du Roy, pour être exécutées selon leur forme &
teneur, ordonné que copies collationnées d'icelles seront envoyées
au Siège de l'Election de Paris, pour y être lûes, publiées & re-
giſtrées, l'Audience tenant. Enjoint au Substitut du Procureur
Général du Roy audit Siège d'y tenir la main, de certifier la
Cour de ses diligences au mois. Fait à Paris en la premiere Cham-
bre de ladite Cour des Aydes, le vingt-deuxiéme jour du mois
d'Août mil sept cens vingt-cinq. Collationné. Signé, ROBERT.

Extrait des Registres du Conseil d'Etat.

LE Roy étant informé que plusieurs des Cent Suisses de
sa Garde, s'occupant du Commerce de vendre du Vin
& autres Boissons en gros ou en détail, sont détournez du ser-

vice qu'ils lui doivent, & déja pourvû par Arrêt du Conseil du premier Juin 1720. à l'indemnité des treize Privilégiez qui avoient la faculté de vendre dans la Ville de Paris chacun cent cinquante Muids de Vins, sans payer aucuns droits de huitiéme. Et Sa Majesté voulant empêcher que sous aucun prétexte aucun des Cent-Suisses ne puissent à l'avenir faire ce Commerce, & voulant bien augmenter leur solde en cette consideration, après avoir eu l'avis du Sieur Marquis de Courtenvaux Capitaine de la Compagnie desdits Cent-Suisses, & ouy le rapport du Sieur Dodun Conseiller ordinaire au Conseil Royal, Contrôlleur général des Finances : LE ROY ETANT EN SON CONSEIL, a fait très-expresses inhibitions & défenses à tous les Cent Suisses de la garde ordinaire de son Corps, de faire aucun Commerce de Vin & autres Boissons, soit en gros, soit en détail, directement ou indirectement en quelque maniere que ce soit, par eux, leurs femmes, quoique séparées, enfans, domestiques, & autres personnes interposées, même d'habiter dans aucune maison où se fasse ledit Commerce, à peine de cinq cens livres d'amende, de confiscation des Boissons, & de prison pendant six mois, dont au défaut de payement, ainsi que des droits qui se trouveront par eux dûs à la Ferme des Aydes, la retenue sera faite sur la paye de toute la Compagnie, sauf le recours de la Compagnie contre le contrevenant par les voyes de la Justice ordinaire. Permet néanmoins à ceux desdits Cent-Suisses qui n'ont point encore débité les Vins qu'ils avoient, d'en faire la vente jusqu'au premier May prochain, à la charge d'en payer les droits & de souffrir les visites & exercices des Commis : Veut Sa Majesté que dans huitaine, à compter du jour de la publication du présent Arrêt, & à l'avenir lors de la réception desdits Cent-Suisses, ils soient tenus de faire serment entre les mains de leur Capitaine de se conformer au présent Arrêt, & que ceux qui refuseront de prêter ledit serment, ou qui contreviendront au présent Reglement, soient à l'instant cassez & chassez de la Compagnie sans aucun remboursement. Accorde Sa Majesté à ladite Compagnie six sols par jour d'augmentation de paye

pour

pour chaque place, faisant avec quatorze sols dont ils ont
joui par le passé, une paye de vingt sols par jour, revenant
ladite augmentation de six sols par jour par place à quatorze
mille huit cens quatre-vingts douze livres par an, pour laquelle somme ladite Compagnie sera employée annuellement
dans l'état des charges de la Ferme générale des Aydes, à commencer du premier Janvier prochain, & payée de mois en
mois & par avance par le Regisseur ou Fermier général des
Aydes au Trésorier de ladite Compagnie, sur ses simples quittances; & sera libre au Capitaine de faire retenir un sol par
place d'Officier, & six deniers par place de Suisse: Et seront
sur le présent Arrêt, si besoin est, toutes Lettres expediées.
FAIT au Conseil d'Etat du Roy, Sa Majesté y étant, tenu à
Versailles le quatorzième Décembre mil sept cens vingt-trois.
Signé, PHELYPEAUX.

DECLARATION DU ROY
CONCERNANT LES JUGES ET CONSULS
de la Ville de Paris.

Donnée à Versailles le 18. Mars 1728.

LOUIS par la grace de Dieu, Roy de France & de
Navarre: A tous ceux qui ces présentes Lettres verront,
SALUT. L'élection des Juges & Consuls des Marchands
de notre bonne Ville de Paris, faite en l'année 1717. ayant
donné lieu à une contestation portée en notre Cour de Parlement, sur l'opposition formée à cette élection par les Librai-
res & Imprimeurs, & par les Marchands de Vins, les Parties
interessées ont renouvellé à cette occasion plusieurs difficultez
qui avoient déja été agitées, tant au sujet du nombre & de
la qualité des sujets qu'il seroit convenable d'élire pour Juge
& Consuls, que pour la durée de leur exercice & pour la
forme des élections: ces difficultez ayant donné lieu à deux

O

Arrêts de notredite Cour, des 3. & 5. Février 1717. dont le premier a surcis la prestation de serment des nouveaux Juge & Consuls élûs, & dont le second a ordonné que les six Corps des Marchands remettroient entre les mains de notre Procureur Général, leurs mémoires sur la maniere dont il convenoit de proceder à l'Election ; notredite Cour par un dernier Arrêt du 17. Mars 1717. a ordonné qu'avant faire droit sur le tout, Nous serions très-humblement suppliez d'expliquer nos intentions par une Déclaration, s'il Nous plaisoit en envoyer une à notredite Cour ; & cependant que par provision, & sans préjudice des droits des Parties au principal, les Juge & Consuls nouvellement élûs prêteroient serment, & exerceroient leurs fonctions jusqu'à ce qu'autrement en eût été ordonné ; & Nous étant fait rendre compte des Requêtes, Mémoires & Pieces présentées de la part de toutes les Parties, comme aussi des Mémoires qui ont été donnez par les six Corps, en exécution de l'Arrêt de notredite Cour du 5. Février, Nous avons reconnu dans les différentes vûes, que chacun de ces Corps a crû devoir proposer sur ce sujet, le même zele pour le service du Public, & dans le partage de leurs sentimens, Nous n'en avons trouvé aucun sur le désir de procurer la Justice la plus exacte & l'expédition la plus prompte ; Nous aurions désiré qu'il eût été possible de placer dans le Consulat des sujets tirez de tous les Corps des Négocians pour y réunir en même-tems des personnes également instruites des différentes parties du Commerce, qui font toutes le sujet ordinaire des contestations dont la connoissance appartient aux Juge & Consuls ; mais la difficulté de concilier la promptitude de l'expédition qui est un des principaux objets de la Jurisdiction Consulaire, avec le nombre des Consuls qu'il auroit fallu etablir, pour y faire entrer tous les ans des sujets choisis dans chaque Corps de Commerçans, Nous a déterminé à Nous contenter de suivre cette vûe, autant qu'il est possible, sans augmenter l'ancien nombre des Juge & Consuls, en n'y admettant dans chaque Election que des sujets qui se soient formez dans différentes especes de Commerce, & qui par cette raison ne soient jamais tirez du même Corps : Nous avons aussi consideré que dans une Jurisdiction dont les Juges se renouvellent toutes les années, il étoit nécessaire d'établir un ordre fixe, qui conservant toûjours une partie des Juges actuellement en place, avec ceux qui sont choisis de nouveau pour remplir les mêmes fonctions, mît ces derniers en état de profiter des lumieres & de l'expérience des premiers ; ensorte que le même esprit & la même jurisprudence se perpetuant ainsi plus facilement dans la Jurisdiction Consulaire, le Public fût encore plus assuré d'en recevoir toute l'utilité qu'il en doit attendre. Nous avons crû enfin devoir expliquer nos intentions sur ce qui regarde la forme des Elections, & encore plus sur la qualité de ceux qui doivent y être appellez, sur laquelle l'Edit de 1563. n'avoit rien déterminé dans un tems, où en jettant les premiers fondemens de la Jurisdiction Consulaire, on n'avoit pû encore connoître, & le bien qu'on en pouvoit attendre, & les abus qu'on en pouvoit craindre. A CES CAUSES & autres à ce Nous mouvans, de l'avis de notre Conseil, & de notre certaine science, pleine puissance, & autorité Royale, Nous avons dit, déclaré, statué & ordonné, & par ces Présentes signées de notre main, disons, déclarons, statuons & ordonnons, voulons & Nous plaît ce qui suit.

ARTICLE PREMIER.

Le nombre des Juge & Consuls des Marchands de notre bonne Ville de Paris, demeurera fixé à cinq ; sçavoir, un Juge & quatre Consuls, comme il l'a été jusqu'à présent.

II.

Voulons que conformément à l'Edit du mois de Novembre 1563. les Juge & Consuls en exercice, soient tenus, trois jours avant la fin de leur année, d'appeller & assembler jusqu'au nombre de soixante Marchands, Bourgeois de notre bonne Ville de Paris, sans qu'il puisse en être appellé plus de cinq de chacun des six Corps des Drapiers, Apoticaires-Epiciers, Merciers, Pelletiers, Bonnetiers & Orfévres ; ensemble de chacun des Corps des Libraires-Imprimeurs, & des Mar-

O iij

chands de Vins , entre lesquels les Maîtres & Gardes, Syndics & Adjoints, seront préférablement admis, & sans qu'il
puisse en être appellé un plus grand nombre d'un desdits
Corps que de l'autre, lesquels seront tous appellez par commission des Juge & Consuls : & à l'égard de ceux qui seront nécessaires pour achever de remplir le nombre de soixante, seront appellez aussi par lesdits Juge & Consuls des Marchands
ou Negocians , ou autres notables Bourgeois de notre bonne
Ville de Paris, versez au fait du Commerce jusqu'au nombre
de vingt , lesquels soixante, ensemble les cinq Juge & Consuls en exercice & non autres , en éliront trente d'entr'eux,
qui sans partir du lieu & sans discontinuer, procederont avec
lesdits Juge & Consuls à l'instant & le jour même , à peine de
nullité , premierement à l'election d'un nouveau Juge pour
entrer en exercice , & ensuite à celle des quatre Consuls , dont
deux seront élûs pour entrer aussi en exercice avec deux qui
resteront de la precedente élection , & les deux autres pour
entrer en fonction après six mois révolus à compter du jour
de ladite élection , auquel jour les deux qui seront restez de la
precedente élection , sortiront de charge , sans que les uns ni
les autres puissent commencer leur exercice, qu'après avoir
prêté le serment en la Grand'-Chambre de notre Parlement
en la maniere accoûtumée.

III.

Le Juge sera toûjours choisi suivant l'usage ordinaire entre les anciens Consuls , & tant ledit Juge que les quatre Consuls qui devront être en exercice dans le même tems , seront
toûjours de Corps & de Commerces différens , sans qu'il en
puisse être choisi aucun qui soit du même Corps , que ceux
qui seront élûs en même tems que lui , ou avec lesquels il
exercera ses fonctions pendant le tems & espace de six mois ,
suivant ce qui est porté par l'Article precedent.

IV.

Voulons en conséquence pour commencer à établir l'ordre
cy-dessus prescrit, qu'aussi-tot après l'enregistrement des Pré-

109

sentes en notre Cour de Parlement, les Juge & Consuls actuellement en place fassent appeller & assembler jusqu'au nombre de soixante Marchands Bourgeois de ladite Ville en la forme cy-dessus prescrite, à l'effet d'en élire pareillement trente d'entr'eux qui procederont sur le champ à l'élection, tant d'un nouveau Juge que de quatre Consuls, lequel nouveau Juge exercera ses fonctions jusqu'au dernier Janvier de l'année 1729. Et à l'égard desdits quatre Consuls nouvellement élûs, deux entreront en exercice aussi-tôt après leur élection, avec les deux anciens des quatre Consuls actuellement en place, ou au refus desdits anciens, avec les deux derniers, & les deux autres n'entreront en exercice qu'au mois d'Août de la présente année avec les deux qui auront été choisis dans ladite prochaine élection, auquel jour les deux qui seront restez de l'élection de 1727. sortiront d'exercice, lesquels deux Consuls qui entreront au mois d'Août prochain demeureront en place jusqu'au mois d'Août 1729. le tout après le serment par eux prêté, comme dit est, en la maniere accoûtumée, au moyen de quoi, lors de l'élection qui sera faite au mois de Janvier 1729. seront élûs, suivant la forme cy-dessus prescrite, un Juge & quatre Consuls aussi de differens Corps & Commerces, pour par le Juge exercer une année entiere, & à l'égard de deux desdits Consuls élûs pour entrer en exercice aussi-tôt après leur élection, avec les deux Consuls qui y seront entrez au premier Août precedent, & les deux autres pour y entrer au premier Août 1729. avec ceux qui auront commencé leur exercice aussi tôt après leur élection, laquelle forme sera gardée & observée à l'avenir dans toutes les élections. Enjoignons à notre Cour de Parlement d'y tenir la main: SI DONNONS EN MANDEMENT à nos amez & feaux Conseillers les Gens tenans notre Cour de Parlement à Paris, que ces Presentes ils ayent à faire regiftrer, & leur contenu garder & observer de point en point selon sa forme & teneur: CAR tel est notre plaisir, en témoin de quoi Nous avons fait mettre notre scel à cesdites Présentes. DONNE'E à Versailles le dix-huitiéme jour de Mars, l'an de grace mil sept cens vingt-huit; & de notre

Regne le treiziéme. *figné*, L O U I S. *Et plus bas;* Par le
Roy, PHELYPEAUX. Et fcellée du grand Sceau de cire jaune.

Regiſtrée, ouy, ce requerant le Procureur Général du Roy,
pour être exécutée ſelon ſa forme & teneur, ſuivant l'Arrêt de
ce jour. A Paris en Parlement le vingt-trois Mars mil ſept cens
vingt-huit. Signé, D U F R A N C.

SENTENCE DE POLICE
EN FORME DE REGLEMENT,

Qui ordonne que les Marchands de Vins de la Ville & Faux-
bourgs de Paris auront à leurs Maiſons & Caves des
Enfeignes & Barreaux pour indication de leur Commerce,
avec défenſes d'y mettre un Choux.

Du 25. Février 1729.

A T O U S ceux qui ces Préfentes Lettres verront,
GABRIEL JERÔME DE BULLION, Chevalier, Comte
d'Efclimont, Meftre de Camp du Regiment de Provence,
Confeiller du Roy en fes Confeils, Prévôt de Paris: SALUT,
Sçavoir faifons, que fur la Requête faite en Jugement devant
Nous à l'Audience de la Chambre de Police du Châtelet de
Paris, par Mᵉ Armand Regnard de Barentin, Procureur des
Maîtres & Gardes du Corps des Marchands de Vins de la
Ville & Fauxbourgs de Paris, Demandeurs fuivant les Ex-
ploits du 28. Septembre dernier, faits par Bardeau, Huiffier
à Cheval en cette Cour, contrôllez & préfentez, tendant à ce
que les cy-après nommez fuffent tenus de mettre au devant de
leurs Maifons & Caves, Enfeignes & Barreaux, fuivant les
Ordonnances, Sentences & Reglemens de Police; que défenfes

leur seroient faites d'y avoir d'autres indications, & même
d'y mettre un Choux, le tout à peine de fermeture desdites
Maisons & Caves, à la diligence des Demandeurs, & d'interdiction du Commerce : & encore lesdits Maîtres & Gardes,
Demandeurs en exécution de notre Sentence contradictoire
du 17. Novembre dernier, qui ordonne que les Marchands
du Corps s'assembleront pour déliberer s'il est expédient &
d'usage qu'ils ayent & doivent avoir des Barreaux & Enseignes
audevant de la porte de leurs Cabarets, & aux fins de la Requête verbale signifiée le 25. Janvier de la présente année par
Genet, Audiencier, à ce que la Délibération faite le 9. dudit mois au désir de ladite Sentence, fût homologuée pour
être exécutée selon sa forme & teneur : Ce faisant les Conclusions prises contre lesdits cy-après nommez par les Exploits susdattez, fussent faites & adjugées, & condamnez
chacun en trois cens livres d'amende, cinq cens livres de dommages, interêts, avec dépens; & ordonné que tous les Marchands du Corps des Demandeurs seroient tenus de se conformer au Jugement en forme de Reglement, qui qui interviendroit sur ladite demande sous pareilles peines que dessus,
& icelui Jugement lû dans le Burreau du Corps assemblé,
& inscrit dans le Registre, contre Mᵉ Tenneson, Procureur
du sieur la Forge, Marchand de Vins, & encore Procureur
de la Veuve Buffaut, aussi Marchande de Vins, Défendeurs
ausdits Exploits, à l'exécution des Sentence & Requête verbale susdattées, assisté de Mᵉ Delorme, l'aîné, leur Avocat :
PARTIES OUIES, ensemble Monsieur Mʳᵉ Durand de Mon-
tessu, Avocat du Roy, en ses Conclusions, lecture faite des
Pieces, Nous avons, la Délibération en question, homologuée pour être exécutée selon sa forme & teneur ; en conséquence disons que les Parties de Delorme, & tous les autres
Marchands de Vins de la Ville & Fauxbourgs de Paris, seront
tenus d'avoir à leurs Maisons, Boutiques & Caves, des Enseignes & Barreaux pour indication de leur Commerce ; leur
faisons défenses d'y avoir ny mettre un Choux, le tout à peine
de cinquante livres d'amende, dépens néanmoins compensez
entre les Parties sans tirer à conséquence : & la présente Sen-

tence sera lûe dans le Bureau, le Corps assemblé, & inscrite dans le Registre dudit Corps & où besoin sera, ce qui sera exécuté nonobstant & sans préjudice de l'appel : En témoins de ce, Nous avons fait sceller ces Présentes qui furent faites & données par Messire René Herault, Chevalier Seigneur de Fontaine-Labbé, & autres lieux, Conseiller du Roy en ses Conseils d'Etat & Privé, Conseiller Honoraire en son Grand Conseil, Lieutenant Général de Police de la Ville, Prévôté & Vicomté de Paris, tenant le Siege le Vendredy vingt-cinq Février mil sept cens vingt-neuf. Collationné *Signé*, CURRET, scellé le trois Mars mil sept cens vingt-neuf, *Signé*, DOYARD. Signifié & baillé copie à Me Tenneson à domicile, le cinq Mars mil sept cens vingt-neuf.

ARREST

DE LA COUR DE PARLEMENT,

En forme de Reglement,

Qui homologue les Délibérations du Corps de la Marchandise de Vin des 12. & 16. Décembre 1729. pour être exécutees selon leurs forme & teneur contre les Marchands dudit Corps & leurs Garçons, sous les peines y portées.

Du 31. Mars 1730.

LOUIS, par la grace de Dieu, Roy de France & de Navarre, au premier notre Huissier de Parlement ou autres sur ce requis : sçavoir faisons que vû par la Cour la Requête présentée par les Maîtres & Gardes du Corps des Marchands de Vins de Paris ; à ce que pour les causes y contenues

il

il plût à la Cour homologuer les Délibérations des 12. & 16.
Décembre 1719. pour être exécutées selon leur forme & teneur: Vû aussi lesdites Deliberations, l'Arrêt du 2. Mars présent mois, qui, avant faire droit, ordonne que lesdites Délibérations seront communiquées au Lieutenant Général de
Police, & au Substitut du Procureur Général au Châtelet,
pour y donner leur Avis; & l'Avis donné en conséquence par
lesdits Lieutenans Général de Police, & Substitut du Procureur Général au Châtelet, le 14. desdits présent mois &
an, portant que lesdites Délibérations peuvent être homo-
loguées sans aucun inconvenient, attachées à ladite Requête,
signée ALLIER, Procureur. Conclusions du Procureur Général du Roy, ouy le rapport de Mr Pierre Joysel, Conseiller. Tout consideré:

Ensuit la teneur desdites Deliberations des 12. & 16. Décembre 1719.

Du 12. Décembre 1719.

La Compagnie convoquée par Billets, & assemblée en la
maniere accoutumée, Messieurs les Grands-Gardes & Maîtres & Gardes en Charge, ont représenté que quelque atten-
tion qu'on ait eu à maintenir les Garçons qui servent en ladite qualité les Marchands du Corps à faire leur devoir,
comme feroient des Apprentifs, grand nombre de Marchands
se plaignent journellement que leurs Garçons, sous pretexte
qu'ils ne font point engagez par un apprentissage, auquel un
service de quatre ans bien certifié, suplée par les nouveaux
Statuts du Corps de l'année 1705. Article III. pour y être reçûs
Marchands, ne font leur service qu'autant & pendant le tems
qu'il leur plaît, sans respect ni consideration pour les Marchands dont ils dépendent, ni pour les personnes qui se four-
nissent chez eux, ensorte qu'au premier caprice & sans autre
raison que leur fantaisie de changer, ils les quittent, affec-
tant même les occasions où ils leur sont le plus nécessaires,
comme dans le tems de leurs achats en Province, & lorsqu'ils
sont dans la nécessité pressante de faire chez eux & dans leurs
Magasins les Reliages, Remplissages, Soûtirages en Pieces

P

& en Bouteilles, ce qui fait que les Marchands ne trouvant
pas sur le champ d'autres Garçons, sont exposez à des pertes
inévitables de partie de leurs Vins; que même cette facilité
que les Garçons ont introduite par cabale de sortir de service
quand bon leur semble, leur donne occasion de se débau-
cher les uns les autres, & de commettre des infidelitez pour
entretenir leur libertinage; ce qui procede aussi de la facilité
que nombre de Marchands ont à recevoir à leur service lesdits Garçons au mépris de la disposition précise de l'Article
V. desdits Statuts de 1705. qui fait défenses à tous Marchands
du Corps d'en recevoir aucun sans le consentement exprès
& par écrit du dernier Marchand qu'il aura servi, & qu'a-
près que ce dernier Marchand aura certifié des bonnes vie
& mœurs du Garçon qui l'aura quitté: A quoi étant nécessaire
de pourvoir, tant pour l'interêt de tous les Marchands du
Corps, celui même de tous les Garçons, & la manutention
de Police, que pour d'autant mieux constater le service desd.
Garçons pendant les quatre années portées par les Statuts,
avant de pouvoir acquerir la qualité de Marchand, lesdits
Maîtres & Gardes ont fait rédiger les Articles qui suivent.

ARTICLE PREMIER

QUE tous les Garçons faisant la Marchandise de Vin,
qui servent actuellement en ladite qualité chez les Marchands
du Corps, seront tenus de se retirer sans délai au Bureau les
Mardis & Vendredis, depuis deux heures jusques à six, pour
y être leurs noms, surnoms, leur âge, le lieu de leur naif-
sance, & le nom des Marchands qu'ils servent, inserez dans
un Registre qui sera à cet effet tenu audit Bureau, lequel
Registre sera paraphé par M. le Lieutenant Général de Police, duquel enregistrement sera delivré un double ausdits
Garçons, signé au moins de deux Maîtres & Gardes en
Charge, sans frais.

II.

QUE nul Marchand du Corps ne pourra garder à son
service aucun Garçon qu'il ne lui ait justifié de son enregistre-

ment au Bureau en la forme ci-deſſus, à peine de cent livres d'amende pour chacune contravention.

III.

QUE lorſqu'il ſe préſentera des Garçons chez les Marchands pour les ſervir en cette qualité, ſans être enregiſtrez au Bureau, duquel enregiſtrement ces Garçons pourroient ignorer l'obligation, leſdits Marchands ſeront tenus, avant de s'en ſervir, de les envoyer audit Bureau pour y être enregiſtrez en la forme ci-deſſus ſous pareilles peines, au cas qu'ils ſoient trouvez à leur ſervice avant ledit enregiſtrement qu'ils ſe feront repréſenter par leſdits Garçons.

IV.

QU'AUSSI-TÔT la ſortie d'un Garçon du ſervice d'un Marchand, ledit Garçon ſera tenu d'en faire ſa déclaration au Bureau, laquelle ſera inſcrite ſur le Regiſtre, & le double d'icelle à lui délivré pour pouvoir entrer au ſervice d'un autre Marchand, lequel ne pourra néanmoins le recevoir qu'il n'ait du dernier Marchand qu'il aura quitté, le Certificat de ſes bonnes vie & mœurs, portant conſentement qu'il le reçoive à ſon ſervice, ſuivant & conformément à l'Article V. des Statuts de 1705. qui ſera exécuté ſelon ſa forme & teneur; & lorſque le Garçon y ſera entré, il ſera tenu d'en faire ſa déclaration au Bureau, qui ſera inſcrite ſur le Regiſtre, & le double à lui délivré, à peine contre le Marchand & le Garçon de cent livres d'amende ſolidairement, même de plus grande peine s'il y écheoit.

V.

QUE lorſqu'un Garçon ſe préſentera au Bureau pour être reçû Marchand, il ſera tenu, pour prouver ſes quatre années de ſervice portées par les Statuts, d'y repréſenter & laiſſer aux Maîtres & Gardes les doubles de ſon enregiſtrement, & des déclarations qu'il y aura faites, enſemble le Certificat du dernier Marchand qu'il aura ſervi, contenant le tems du ſervice, & l'atteſtation de ſes bonnes vie & mœurs, à peine d'être exclus du Commerce.

VI.

ET au cas que les Marchands d'où les Garçons feront fortis, refufent de leur donner (ou au Marchand au fervice duquel ils s'offriront) leurs Certificats de leurs bonnes vie & mœurs, portant confentement de fervir où bon leur femblera, feront tenus lefdits Garçons & les Marchands, auquel ce refus aura été fait, d'en porter leurs plaintes aux Maîtres & Gardes en leur Bureau, où les Marchands refufans feront mandez pour dire les caufes de leur refus ; & faute par eux de le faire, les Maîtres & Gardes pourront donner aux Garçons leur confentement de fe pourvoir d'autres Marchands & y faire le fervice, fans que les Marchands d'où ils feront fortis puiffent inquiéter ceux au fervice defquels ils feront entrez, dont & de quoi il fera fait mention fur le Regiftre, & le double delivré aux Marchands & aux Garçons, le tout fans frais.

VII.

ET d'autant que le fervice de quatre ans tient lieu d'apprentiffage aux Garçons Marchands de Vins, feront tenus lefdits Garçons de leur porter honneur & refpect, & de les fervir avec affection & fidelité, en tout ce qui dépendra dudit Commerce ; & au cas qu'il y ait des plaintes faites contr'eux aux Maîtres & Gardes de leur mauvais fervice & d'infidelitez prouvées, ils feront exclus du fervice & de la qualité de Marchand, & même fera procedé contr'eux par voye de Juftice s'il y écheoit.

Sur lefquels repréfentations & Articles, lefdits Maîtres & Gardes demandent l'avis de la Compagnie.

Sur quoi la Compagnie a déliberé & arrêté d'une commune voye, que lefdits repréfentations & Articles font juftes & très-utiles au Corps & aux Garçons des Marchands, qu'ils doivent être tranfcrits fur le Livre des Déliberations ; mais qu'avant d'en pourfuivre l'homologation, attendu que tout le Corps eft intereffé dans l'exécution defdits Articles, il eft préable d'affembler la plus faine partie des Anciens, Modernes & Jeunes Marchands du Corps, pour avoir leur avis & confentement d'en pourfuivre l'effet.

Et le 16. dudit mois Meffieurs les anciens Grands Gardes, anciens Maîtres & Gardes, & les Anciens, Modernes & Jeunes Marchands de Vins du Corps, convoquez par Billets, & affemblez au Bureau en la maniere accoûtumée, en conféquence de la Déliberation cy-deffus, lecture a été faite d'icelle des repréfentations & Articles qui la précedent, & l'avis demandé par Meffieurs les Grands-Gardes, & Maîtres & Gardes en Charge, tous ont été d'un avis unanime que rien n'eft plus intereffant pour tous les Marchands du Corps que l'exécution du contenu aufdits Articles; que la pourfuite pour l'homologation n'en doit point être différée; à l'effet de quoi donnent tout pouvoir néceffaire à Meffieurs les Maîtres & Gardes en Charge d'en pourfuivre l'homologation, & d'en faire imprimer l'Arrêt pour être diftribué à tous les Marchands dudit Corps, & à leurs Garçons pour s'y conformer, & ont figné.

Moreau.	Niverd.	Poupardin.
Copineau.	Sizeau.	Bailly.
Gillet.	Baroche.	Perinet.
Puchullu.	Morelle.	Freffon.
Thereau.	Giraud.	Girard.
Briffet.	Du May.	J. le François.
Vanequetin.	E. Davril.	Perinet.
Pignon.	M. Falluet.	Salaville.
Chauveau.	Groffetête.	Pellier.
N. Eleury	Millet.	L. Née.
Gueron.	Davril.	Pinot.
Ronceray.	De la Maifon.	Garnier.
Germain.	Coarnot.	Robin.
Pilleron.	C. N. Lardin.	A. Boutron.
Du Croux.	M. Renault.	Aubourt.
Houdas.	P. Huault.	E. Boutron.
Avrillon.	N. Huault.	Manicat.
Le Doux.	Caillieux.	Le Payge.
More.	Gradot.	De Baume.

Bruzard.	Perrinet.	F. Montagne.
Darlot.	Forget.	Le Sourd.
Vignon.	Le Roy.	Girouard.
B. Chevalier.	Le Comte.	Raveau.
Baudouin.	Lamblin.	Gillet.
N. A. Duval.	Le Gendre.	Le Grand.
Des Saigles.	Durville.	Cornet.
Thieriat.	Eſtave.	Cottin.
Falluet.	Le Givre.	Matthieu.
Morelle , *le jeune*.	Bernard.	Le Comte.
Berthelot.	D. Perinet.	C. Gaufre.
Foulley.	Guimet.	P. Garnier.
J. Guivernet.	Girard.	J. Junot.
Tiſſerand.	R. Lemain.	Brouttier.
P. A. de la Marre.	Rive.	More.
Touchain.	N. Eſme.	E. Houard.
De Mine.	Hamel.	Bigot.
Duhamel.	Durand.	Du Buiſſon.
Le Clerc.	Patineau	P. Barry.
Collet.	Cramaillard.	Robinot.
J. Georges.	F. Maiſon.	L. Rachard.
Durand.	Michegaut.	Mopinot.
Martin.	Le Vacher.	Chartier.
Pellery.	Thiebaut.	Boileau.
Adeline.	Jolly.	Martin.
Moreau.	Perillon.	Moriſſet.
Majotin.	Le Comte.	Hourlier.
Moreau.	Naudin.	Piquais.
R. le Merle.	L'Hoime.	J. Doublet.
Motte.	Le Clerc.	Le Grand.
Chapotin.	E. Richon.	Cazier.
J. Branche.	Laiſement.	Guitot.
Prouſteau.	Jourdin.	E. Retif.
Lombard.	Dabit.	Trinquart.
M. Potteau.	Dunet.	Foutier.
Le François.	Houy.	Duval.
Gonet.	L. Butteux.	C. Bertrand.

C. Thevénin.	De la Cour.	Bernard.
Leger.	F. Lalignan.	Ligeon.
Jacob.	V. Talon.	Regnaudeau.
Raveneau.	Lamy.	Rousseau.
Videcocq.	De la Transoniere.	Ladrée.
Seguin.	P. Chenu.	Minot.
Murot.	Girardin.	Thomas.
De Lanoüe.	Huzard.	Bonvoisin.
Bochard.	F. Martin.	De Roussy.
P. Labbé.	Vigreux.	Buard.
Le Merle.	Joyard.	Montel.
G. Sifflet.	Godbin.	Chastelet.
Fontaine.	De Noirettre.	Preslier.
N. Guyot.	Gerin.	H. Seguin.
E. le Clerc.	Grosse.	Lucasseau.
Loison.	Poussot.	Desmarois.
Durand.	Laboureur.	Souchet.
Richard.	Bruzare.	Regnaudot.
Dolbot.	Ardelu.	Morice.
Descaves.	Falluet.	Rahir.
Tanqueray.	F. Gaucherot.	A. Roussel.
Darlot.	Ducy.	Parré.
Burniere.	Jousse.	Chrétien.
E. Quartier.	Molet.	Potté.
Galland.	Baron.	Novion.
Guilleaume.	Jaquin.	Mouillot.
Pointeau.	P. G.	Sabourdy.
Girard.	Guigneux.	J. H. Prieur.
Desenclos.	Le Cocq.	Rahire.
Le Roy.	G. Girard	Millon.
Guette.	Le Fevre.	Fromentin.
Paris.	Maltête,	Doliger.
P. Tesson.	Mauvais.	Chartier.
D. Dubourg.	Blanchet.	N. Camus.
Rocher.	Grassin.	E. Rogé.
Bouchet.	F. Lucas.	E. Génévrié.
Hauzard.	Maltête.	Mairar.

L. Flichet.	N. Velvot.	E. Galois.
Berthe.	L. Ladoué.	Capitaine.
Blondeau.	Chambon.	C. Seguin.
Godefroy.	Semel.	Charité.
Senicourt	Mazurié	Martin.
Caquille.	J. G. Delisle	Bourgouin.
Martin.		

Contrôllé à Paris ce 25. Février 1730. *signé*, BLONDELU, reçû 12. sols.

Extrait du Livre des Délibérations du Corps des Marchands de Vins de Paris, certifié véritable & delivré par Nous Maîtres & Gardes en Charge dudit Corps, en notre Bureau, ce 9. Février 1730. *signé*, HOUDAS, AVRILLON, MORELLE, M. CHARLES, MORE & FLEURY.

LA Cour homologue lesdites Délibérations pour être exécutées selon leur forme & teneur; mandons mettre le présent Arrêt à exécution; de ce faire donnons pouvoir. En Parlement ce trente-un Mars mil sept cens trente, & de notre Regne le quinziéme, collationne, *signé* NIVERD.

Par la Chambre, *signé*, ISABEAU.

ARREST
DU CONSEIL D'ETAT,

Qui authorise la seconde Visite jusqu'au remboursement de quatre-vingt-quatre mille quatre cens quatre-vingt livres payez pour le Joyeux Avenement.

EXTRAIT DES REGISTRES
du Conseil d'Etat.

Du neuviéme Mars 1728.

SUR la Requête présentée au Roy en son Conseil par les Maîtres & Gardes des Marchands de Vins de la Ville & Fauxbourgs de Paris, Contenant que leur Corps ayant été compris au Rôlle arrêté au Conseil pour le droit de Confirmation à cause de l'heureux avenement de Sa Majesté à la Couronne, sur le pied de trois années de Capitation & des deux sols pour livre du principal, ils ont en exécution de l'Arrêt du 7. Juin dernier fait leur soumission de la somme de 84480. livres, tant en principal que deux sols pour livre, & porté dans le premier délai prescrit par cet Arrêt à la Caisse de Jean-Baptiste Hermant, préposé au recouvrement dudit droit de Confirmation, celle de vingt-un mille trois cens cinquante cinq livres huit sols, en Certificats de retenues de gages à eux dûs par Sa Majesté pour les années 1724, 1725, 1726, & 1727. & qu'elle a bien voulu recevoir comme especes à compte de la moitié & des deux sols pour livre de leur taxe. Et comme ils sont hors d'etat d'imposer sur eux ce qu'ils doi-

P. 2

vent de reste, & que d'ailleurs ils ont besoin d'être indemnisez des sommes qu'ils ont déja payées, lesquelles étoient affectées au remboursement de leurs Creanciers, ils ont supplié Sa Majesté de leur permettre de faire une seconde Visite generale par chacun an dans toutes les Maisons & Caves des Marchands de Vins de la Ville & Fauxbourgs de Paris, & de percevoir pour cette seconde Visite cinquante-deux sols par chacune Maison & Cave, à raison d'un sol par semaine sur le même pied de la Visite qui se fait annuellement, laquelle ne suffit pas pour prévenir les fraudes & les contraventions ausquelles leur Commerce est tous les jours exposé, à la charge que ladite seconde Visite, & le droit de cinquante-deux sols établis en conséquence demeureront éteints & supprimez après le payement des 84480. livres qu'on leur a demandé pour le droit de Confirmation. Vû ladite Requête, la Déclaration de Sa Majesté du 27. Septembre 1715. pour le payement du droit de Confirmation à cause de son heureux avenement à la Couronne, le Rôlle arrête au Conseil le   May 1716. l'Arrêt du Conseil du 7. Juin 1727. la Délibération de la Communauté des Marchands de Vins du 6. Juin dernier , ensemble l'avis du Sieur Herault, Maître des Réquêtes, Lieutenant Général de Police de la Ville, Prévôté & Vicomte de Paris. Ouy, le Rapport du Sieur le Pelletier, Conseiller d'Etat ordinaire & au Conseil Royal, Controlleur Général des Finances : LE ROY EN SON CONSEIL, a ordonné & ordonne qu'il sera fait une seconde Visite generale par chacun an dans toutes les Maisons & Caves des Marchands de Vins de la Ville & Fauxbourgs de Paris, & que pour droit de cette seconde Visites, il sera perçû par les Gardes en Charges chaque année cinquante-deux sols par chacune Maison & Cave à raison d'un sol par semaine, ainsi & de la même maniere qu'ils se perçoivent pour la Visite qui se fait annuellement depuis l'établissement du Corps ; du produit duquel droit de cinquante-deux sols, ensemble de celui du premier, les Gardes Comptables en Charge chaque année seront tenus de compter par devant le Sieur Lieutenant Général de Police de la Ville de Paris. Et après l'entier paye-

ment des 84480. livres qui leur ont été demandées pour le
droit de Confirmation, ladite seconde Visite & le droit établi
en conséquence demeureront éteints & supprimez en vertu
du présent Arrêt, & sans qu'il en soit besoin d'autre. Enjoint
Sa Majesté au Sieur Herault, Lieutenant Général de Police,
de tenir la main à son exécution, nonobstant opposition ou
appellation quelconques, & si aucunes interviennent, elle
s'en est réservée à soi & à son Conseil la connoissance, & icelle
interdite à toutes ses Cours & Juges. FAIT au Conseil d'Etat
du Roy, Sa Majesté y étant, tenu à Versailles le neuviéme
jour de Mars mil sept cens vingt. huit. *Signé* PHELYPEAUX.

L OUIS, par la grace de Dieu, Roy de France & de
Navarre: A notre amé & féal Conseiller en nos Conseils, le Sieur Herault, Lieutenant Général de Police de la
Ville, Fauxbourgs & Prévôté de Paris, Nous vous mandons
& enjoignons par ces Présentes signées de Nous, de tenir la
main à l'exécution de l'Arrêt cy-attaché sous le contre-scel de
notre Chancellerie, ce jourd'hui donné en notre Conseil d'E-
tat, Nous y étant, sur la Requête des Maîtres & Gardes des
Marchands de Vins de notre Ville & Fauxbourgs de Paris:
Commandons au premier notre Huissier ou Sergent sur ce requis, de signifier ledit Arrêt à tous qu'il appartiendra à ce que
personne n'en ignore, & de faire pour son entiere exécution
tous Actes & Exploits necessaires sans autre permission: CAR
tel est notre plaisir. DONNE' à Versailles le neuviéme jour de
Mars l'an de grace mil sept cens vingt-huit, & de notre Regne
le treize. *Signé*, LOUIS, & plus bas par le Roy, PHELYPEAUX,
& scellé du grand Sceau de cire jaune.

Copie

Des Quittances de Finance pour le Joyeux
avenement de Louis Quinze

J'ay receu du Corps des Marchands de vin de la ville
Et faubourg de Paris la somme de Soixante Seize mil—
huict Cent livres, Ala quelle ils ont Esté taxez au Conseil
du Roy; pour le droit de Confirmation deu a Sa Majesté
a Cause de Son Avenement A la Couronne, pour leurs
Privileges, Suivant Et Conformement A la declaration
du 27 7bre 1722 Et arrests rendus En Consequence fait
a Paris le Sixieme jour de may 1730 Signé Bechin

— autre —

Je Soussigné Jean Baptiste heuman, chargé par arrest
du 7 juin 1723 du Recouvrement du droit de Confirmation
deu au Roy a Cause de son avenement a la Couronne,
En l'execution de la declaration de Sa majesté du 27 obre 1722
Et arrets rendus En Consequence, Confesse Avoir Receu
du Corps des Marchands de vins de la ditte ville Et
faubourg de Paris La somme de Sept mil six cens
Quatre vingt livres pour les deux Sols pour livre A laquelle
ils ont Esté taxez au Conseil du Roy, Rolle du 9 7bre 1729
article 8e delaquelle Somme de 7680 je quitte ledit
Marchands de vin Et tous autres fait a Paris le 6 fevrier
Signé De Ponteau pour Mr heuman   1730

De l'Imprimerie de Jacques Vincent, ruë & vis-à-vis l'Eglise saint Severin.

ARREST
DU PARLEMENT.

Rendu sur les Conclusions de Monsieur le Procureur
General, en faveur des Maîtres & Gardes des
Marchands de Vins de cette Ville de Paris.

*Contre François Dutrou, se disant Marchand de Vins
de Paris.*

Du 8. Août 1739.

LOUIS PAR LA GRACE DE DIEU ROY DE FRANCE
ET DE NAVARRE : Au premier des Huissiers de notre
Cour de Parlement ou autre Huissier ou Sergent sur ce requis, sçavoir faisons : Qu'entre François Dutrou, se disant
Marchand de Vins à Paris, appellant de la saisie & execution de ses Vins & Effets, faite par Exploit du 16. Février
1739. en vertu de l'Ordonn... ce du Sieur Lieutenant General
de Police du Châtelet du onze Novembre 1738. ensemble de
ladite Ordonnance, & de tout ce qui a suivi d'une part : Et
les Maîtres & Gardes du Corps des Marchands de Vins de
cette Ville de Paris, Intimez, d'autre part ; & entre lesdits
Maîtres & Gardes du Corps des Marchands de Vins, demandeurs en Requête afin d'opposition à l'Arrêt par défaut du
27. Février 1739. & qu'il plût à la Cour faisant droit sur l'opposition, déclarer la procedure nulle au principal, debouter
le Defendeur, ci-apres nommé, de sa demande afin de mainlevée provisoire des Vins sur lui saisis, & le condamner aux
dépens, d'une part ; & ledit Dutrou, défendeur d'autre part ;
& entre ledit Dutrou, demandeur en Requête du 18. Avril
dernier, à ce qu'il plût à la Cour mettre l'appellation & ce

dont a été appellé au néant, émendant, déclarer lesdites saisie & execution de ses Vins & ustenciles, nulles, injurieuses, tortionnaires & déraisonnables, ordonner que la mainlevée provisoire prononcée par l'Arrêt du 27. Février dernier, demeurera diffinitive ; & condamner les Maîtres & Gardes des Marchands de Vins à Paris, en leur propre & privé nom solidairement, en six mille livres de dommages-interêts envers lui, & en tous les dépens aussi solidairement en leur nom & sans pouvoir les employer dans leur compte de Communauté, non plus que les frais par eux faits, d'une part, & les Maîtres & Gardes du Corps des Marchands de Vins de Paris défendeurs, d'autre part ; & entre lesdits Maîtres & Gardes du Corps des Marchands de Vins, demandeurs en deux Requêtes, la premiere du 15. May 1739. afin d'opposition à l'Arrêt par défaut du 29. Avril, signifié le 9. May dernier, & la seconde du 29. Juin 1739. tendante à ce qu'il plût à la Cour les recevoir appellants de la Sentence dudit Sieur Lieutenant Général de Police que le défendeur, ci-après nommé, auroit surpris par défaut le 28. Mars 1738. & de tout ce qui s'en étoit ensuivi ; faisant droit sur leur appel, mettre l'appel & ladite Sentence au néant ; émendant, débouter le défendeur de sa demande sur laquelle il avoit surpris ladite Sentence ; faisant droit sur l'appel dudit défendeur, que l'Ordonnance du Sieur Lieutenant General de Police du onze Novembre dernier, de ladite saisie faite sur le demandeur le 16. Février suivant, mettre l'appellation au néant ; Ordonner que ce dont est appel sortira effet ; & au surplus, sans s'arrêter aux Requêtes & demandes du défendeur, & notamment à sa Requête du 18. Avril dernier dont il seroit débouté, en évoquant en tant que besoin le principal concernant ladite saisie, déclarer ladite saisie sur lui faite par Procès-verbal & Exploit du 16. dudit mois de Février, bonne & valable ; Ordonner que tous les effets contenus & detaillez en ladite saisie, seroient confisquez au profit des demandeurs, à la représentation d'iceux le sieur Philippe Cambry, qui s'étoit volontairement rendu gardien, contraint par toutes voyes, même par corps, pour être lesdits effets rendus & le prix en provenant, à la déduction des frais, delivrez aux demandeurs ; Ordonner que les termes injurieux que ledit défendeur avoit employé dans sa Requête du 18.

Avril contre les demandeurs, feroient & demeureroient fupprimez, avec permiffion aux demandeurs de faire imprimer & afficher l'Arrêt aux dépens dudit defendeur; & pour réparation de l'injure qu'il avoit faite aux demandeurs, & fa contravention à l'Arrêt de reglement de la Cour, du 31.Mars 1730. qu'il feroit & demeureroit exclus d'être admis à la Maîtrife du Corps des Marchands de Vins, & le condamner aux dépens, d'une part; & ledit Dutrou, défendeur d'autre part; & entre ledit Dutrou, demandeur en Requête du 3. Juillet dernier, tendante à ce qu'en lui adjugeant les conclufions portées par fa Requête du 18. Avril dernier, faifant droit fur l'appel des défendeurs ci-après nommez, mettre l'appellation au néant, Ordonner que ce dont eft appel fortira fon plein & entier effet; condamner lefdits défendeurs en l'amende & aux dépens en leur propre & privé nom, fans pouvoir les employer dans leur compte de leur Communauté, fe rapportant au furplus à la prudence de la Cour fur la permiffion demandée de faire imprimer & afficher l'Arrêt qui interviendroit aux frais & dépens de la Partie qui fuccomberoit, d'une part; & lefd. Maîtres & Gardes du Corps des Marchands de Vins défendeurs, d'autre part; après que Buirette, Avocat des Maîtres & Gardes du Corps des Marchands de Vins, & Nichault Avocat de François Dutrou, ont été ouïs pendant une Audience, enfemble Dagueffeau pour le Procureur General du Roy: NOTREDITE COUR reçoit les Parties de Buirette oppofantes à l'Arrêt par défaut; faifant droit au principal fur l'appel de la Partie de Nichault, a mis & met l'appellation au néant; Ordonne que ce dont a été appellé fortira fon plein & entier effet, condamné ladite Partie de Nichault en l'amende de douze liv. en confequence déclare la faifie faite à la requête des Parties de Buirette, bonne & valable; Ordonne que les Vins & autres chofes faifies, feront vendus, & le prix remis aux Parties de Buirette; & faifant droit fur l'appel defdites Parties de Buirette, a mis & met l'appellation & ce dont a été appellé au néant; émendant, déclare les offres de la Partie de Nichault nulles & infuffifantes, & déboute la Partie de Nichault de fa demande, fauf à ladite Partie de Nichault à fe pourvoir vers les Parties de Buirette pour être admis & reçû, fi faire fe doit; faifant droit fur les conclufions du Procureur

General du Roy, Ordonne que les Parties de Buirette seront tenues de remettre leurs pieces & mémoires entre les mains du Lieutenant General de Police & du Substitut du Procureur General du Roy au Châtelet pour être par eux donné leurs avis sur la fixation des sommes qui doivent être payées lors de la Reception des Aspirans à la Maîtrise, pour lesdites pieces & mémoires remis au Procureur General du Roy être sur ses conclusions pourvû par la Cour de tel réglement qu'il appartiendra, & jusqu'à ce a chargé & charge l'honneur & la confcience des Maitres & Gardes de la fixation des droits que chaque Afpirant doit payer ; condamne la Partie de Nichault en tous les dépens tant des caufes principales que d'appel : SI MANDONS mettre le préfent Arrêt à dûe & entiere execution felon fa forme & teneur ; de ce faire donnons pouvoir au premier des Huiffiers de notre Cour de Parlement ou autres. DONNE' en notredite Cour de Parlement le huit Août l'an de Grace mil fept cens trente-neuf, & de notre Regne le vingt-cinquiéme. Collationné Laurent par la Chambre. *figné*, DUFRANC.

TABLE DES TITRES

DU CORPS DES MARCHANDS DE VINS
de la Ville & Fauxbourgs de Paris, contenus
en ce Recueil.

Q

2

www.ingramcontent.com/pod-product-compliance
Lightning Source LLC
Chambersburg PA
CBHW062032200326
41519CB00017B/5016